U0524798

山东半岛城市群
绿色发展路径研究

李秋颖 著

Shandong

Peninsula

中国社会科学出版社

图书在版编目（CIP）数据

山东半岛城市群绿色发展路径研究/李秋颖著. —北京：
中国社会科学出版社，2022.8
ISBN 978-7-5227-0250-6

Ⅰ.①山⋯　Ⅱ.①李⋯　Ⅲ.①城市群—绿色经济—经济发展—研究—山东　Ⅳ.①F299.275.2

中国版本图书馆 CIP 数据核字（2022）第 091658 号

出 版 人	赵剑英
责任编辑	李庆红
责任校对	冯英爽
责任印制	王　超

出　　版	中国社会科学出版社
社　　址	北京鼓楼西大街甲 158 号
邮　　编	100720
网　　址	http://www.csspw.cn
发 行 部	010-84083685
门 市 部	010-84029450
经　　销	新华书店及其他书店
印　　刷	北京君升印刷有限公司
装　　订	廊坊市广阳区广增装订厂
版　　次	2022 年 8 月第 1 版
印　　次	2022 年 8 月第 1 次印刷

开　　本	710×1000　1/16
印　　张	10.5
插　　页	2
字　　数	151 千字
定　　价	59.00 元

凡购买中国社会科学出版社图书，如有质量问题请与本社营销中心联系调换
电话：010-84083683
版权所有　侵权必究

目　　录

第一章　绪论 ·· 1

　　第一节　本书的研究背景和意义 ··· 1
　　第二节　本书的研究内容和研究方法 ··· 3

第二章　推进山东半岛城市群新型城镇化 ·· 7

　　第一节　推进新型城镇化发展的内涵和理论基础 ··························· 7
　　第二节　山东半岛城市群案例区基本情况 ··································· 10
　　第三节　山东半岛城市群城镇化发展与生态环境
　　　　　　耦合协调 ··· 15
　　第四节　山东半岛城市群新型城镇化的提升对策 ························· 25

第三章　山东半岛城市群新旧动能转换 ·· 31

　　第一节　山东半岛城市群新旧动能转换的产业现状特征 ··············· 31
　　第二节　山东半岛城市群新旧动能转换面临的环境条件 ··············· 36
　　第三节　山东半岛城市群新旧动能转换的任务表和
　　　　　　施工图 ·· 39
　　第四节　山东半岛城市群新旧动能转化提升路径 ························· 45

第四章　绿色发展理念下开发区用地效率 ··· 52

　　第一节　绿色发展理念下开发区用地效率基础理论 ····················· 52
　　第二节　绿色发展理念下开发区用地效率研究综述 ····················· 55

第三节　绿色发展理念下开发区用地效率机理分析 …………… 58
　　第四节　绿色发展理念下山东半岛城市群开发区用地
　　　　　　效率评价 …………………………………………………… 60
　　第五节　绿色发展理念下山东半岛城市群开发区用地
　　　　　　效率提升路径 ……………………………………………… 71

第五章　构建山东半岛城市群生态安全格局 ……………………………… 79
　　第一节　生态安全格局相关的理论基础 ………………………………… 79
　　第二节　山东半岛城市群生态环境保护现状与特征 …………………… 82
　　第三节　环境治理和生态修复的经验借鉴 ……………………………… 96
　　第四节　环境污染治理和生态安全格局的实施路径 …………………… 100

第六章　山东半岛城市群绿色低碳发展 …………………………………… 106
　　第一节　山东半岛城市群能源消费情况分析 …………………………… 106
　　第二节　山东半岛城市群碳排放特征分析 ……………………………… 120
　　第三节　山东半岛城市群绿色低碳发展提升路径 ……………………… 139

附　录 ………………………………………………………………………… 146

参考文献 ……………………………………………………………………… 155

第一章 绪论

第一节 本书的研究背景和意义

一 研究背景

（一）经济发展与生态环境的冲突

近年来，在推动工业化和城镇化快速发展的同时，出现了城乡不协调、区域不均衡、资源粗放利用、生态破坏严重等问题。城市群已成为资源短缺、环境污染、生态破坏等问题高度集中的地区，而且生态环境状况呈现继续恶化的趋势，已威胁到区域乃至国家的安全和可持续发展。人民日益增长的对生态产品的美好需要同生态产品发展不平衡、不充分的矛盾凸显。生态环境问题在我国经济发展中是一个明显的弱项。近年来，各类环境污染发生频率高，已成为民生之患、民生之痛。许多地区空气质量水质食品安全等问题成为老百姓的心头之患。由于过量使用农药和化肥，菜篮子、米袋子、水缸子都面临严重威胁。新时代下的城镇化发展必须走高质量内生性增长的可持续发展之路。山东半岛城市群是中国经济快速发展的重要增长极之一，伴随着工业化和城镇化的迅猛发展，水资源匮乏、生态污染问题比较突出，作为以重化工业为主的地区，如何推动绿色可持续发展，亟须破题。因此在这一背景下研究山东半岛城市群绿色发展问题非常有必要。

（二）进入高质量发展阶段的必然要求

中国经济发展进入由高速增长阶段转向高质量增长阶段的新时代。高质量发展是以新发展理念为指导的经济发展，是创新成为第一动力、协调成为内生特点、绿色成为发展底色、开放成为必由之路、共享成为根本目的的发展。高质量发展能很好地满足人们日益增长的美好生活需要的发展。高质量发展是新阶段贯彻新发展理念构建新格局的普遍要求和基本特征，绿色发展和生态环境保护是高质量发展的基本要求和重要体现。生态环境是影响高质量发展的内生要素，良好的生态环境是检验高质量发展的重要标准，绿色发展是实现高质量发展的重要途径。绿色发展是践行绿色的生产生活方式，是节约资源、保护生态环境的发展。在"十四五"及未来较长时间内，绿色发展可以更好地引导发展转型和经济高质量发展，实现"两个百年"中华民族伟大复兴梦，乃至加快世界文明建设的进程。

（三）"良好的生态环境是最普惠的民生福祉"

改革开放四十多年来，我国经济飞速发展，社会生产力得到明显提高，人民群众在满足物质生活需要的基础上，对生态环境提出了更好的要求。党的十八大以来，以习近平同志为核心的党中央在治国理政的实践中高度重视我国的生态文明建设。把增进人民福祉、满足人民切身利益作为一切工作的衡量准则，在新时代生态文明建设中体现了浓厚的民生思想。提出了"环境就是民生，青山就是美丽，蓝天就是幸福，绿水青山就是金山银山"；"生态惠民、生态利民、生态为民，良好的生态环境是最公平的公共产品，是最普惠的民生福祉"；"坚决摒弃损害甚至破坏生态环境的发展模式，坚决摒弃以牺牲生态环境换取一时一地经济增长的做法"。[①] 为中国特色社会主义生态民生建设指明了发展方向。随着我国进入社会主义生态文明新时代，生态优先、绿色发展成为基调。

[①] 《习近平谈治国理政》第三卷，外文出版社2020年版，第361页。

二　研究意义

山东半岛城市群绿色发展一直是学术界研究的热点问题。党的十八大以来，经济发展的环境、条件和任务都发生了新的变化，经济发展由一味追求规模速度转变为注重质量和效益，发展动力主要由资源和低成本劳动力等要素投入转向创新驱动。生态系统平衡理论、生态系统服务理论、公共物品理论、外部性理论、地域差异性理论、自然—经济—社会复合系统理论等都是山东半岛城市群绿色发展研究的重要理论基础。山东半岛城市群绿色发展的问题是关系到相当长时期内资源—生态—社会—经济空间系统协调发展的关键问题。本书的目的是深入分析山东半岛城市群绿色发展的内涵、机理和存在的问题，提出相应的绿色发展提升路径，能丰富城市群绿色发展研究的内容，为城市群绿色发展提供较强的理论支撑。在实践中能深入了解地域空间动态演变的客观规律，可以提高规划管治的科学性，有助于推进山东半岛城市群高质量发展。

第二节　本书的研究内容和研究方法

一　研究内容

（1）推进山东半岛城市群新型城镇化

推进以人为核心的新型城镇化，是内需的最大潜力所在。新型城镇化是推动现代化建设和区域协调发展的重要支撑，是扩大内需和促进产业转型升级的重要抓手。本书主要介绍了新型城镇化的内涵和理论基础，对山东半岛城市群的自然地理状况和社会经济状况进行了概述。通过构建新型城镇化和生态环境耦合发展模型，对山东半岛城市群的耦合发展状况进行了评价，据此，提出了山东半岛城市群新型城镇化发展的路径。

（2）山东半岛城市群新旧动能转换

"十四五"时期是我国开启全面建设社会主义现代化国家新征

程的第一个五年，也是推动山东省新旧动能转换在"三年初见成效"基础上奋力取得"五年突破"的关键节点。本书主要分析了山东省新旧动能转换的产业现状特征，新旧动能转换面临的环境条件，新旧动能转换的任务表、施工路线图，新旧动能转化的提升路径。

（3）绿色发展理念下开发区用地效率

开发区是现代工业的聚集中心，是拉动经济的重要增长极。但随着工业化和城镇化进程的加快，开发区土地利用中占地总量失控、用地结构失衡、土地利用粗放等现象突出，面临资源、能源及环境等诸多挑战。因此，本书从绿色发展、低碳发展和循环发展的视角，分析山东半岛城市群开发区用地效率的问题并探寻其优化调控路径。介绍了开发区用地效率的基础理论、内涵、组成要素、动态演化特征、影响因素等。构建了开发区用地效率评价体系，采取典型企业调查方法进行研究，选取某开发区典型企业进行土地集约利用评价分析，进而提出了绿色发展理念下开发区用地效率提升路径。

（4）构建山东半岛城市群生态安全格局

面对日益趋紧的资源环境制约，要实现更大规模、更高质量的经济增长，亟须构建节约资源和保护环境的产业结构、生产方式、生活方式、空间格局。本书介绍了生态安全格局相关的生态学、经济学和地理学理论基础；分析了山东半岛城市群主体功能区划、生态安全格局、资源环境特征、环境质量的现状和特征；重点介绍了山东在实践中探索出的小流域"治用保"综合治污模式、泰山区域山水林田湖草生态保护修复工程经验；从六个方面提出了环境污染治理和生态安全格局的实施路径。

（5）山东半岛城市群绿色低碳发展

2030年前实现碳达峰、2060年前实现碳中和的"双碳"目标，意味着能源、生产、交通、生活等社会发展方式的全方位绿色低碳转型。山东省作为全国能源消耗和实体经济大省，实现"双碳"目标面临巨大压力和挑战。受自身产业结构和能源结构特点影响,山东半岛城市群对气候变化政策更为敏感,需尽早明晰低碳发展路线图,科学制定发展规划,全局性构架,推动高碳能源转向低碳能源、从高碳产业转向低碳产业、从高碳经济转向低碳经济、从高碳社会转向低碳社会,实现经济社会发展全面绿色转型。本书介绍了山东半岛城市群能源供需状况、消耗强度、分行业能源消费量、各地级市的能耗强度;从全省、行业、能源类型、城乡、一次清洁能源等视角对二氧化碳排放量进行了测算;进而提出了山东半岛城市群绿色低碳发展提升路径。

二 研究方法

本书的研究内容属于地理学、生态学、经济学交叉研究范畴,在生态系统平衡理论、生态系统服务理论、公共物品理论、外部性理论、地域差异性理论、自然—经济—社会复合系统理论的基础上,借鉴生态经济学、人文地理学、土地资源学、经济学、景观生态学、地理信息系统、环境科学和资源等学科交叉分析的基础上,运用系统分析与分要素分析相结合、规范分析与实证分析相结合、定量分析与定性分析相结合、横向比较与纵向比较相结合的方法。运用系统分析的方法分析了城市群绿色发展的研究机理,在此基础上构建城市群绿色发展的评价指标体系,通过不同年份数据的纵向对比和不同城市、不同县域之间的横向对比,揭示城市群绿色发展的地域差异。使用 ArcGIS 软件的叠加功能对土地利用的格局进行分析;使用 Origin、Excel、SPSS 软件对相关数据进行处理;使用 Photoshop 软件对图像进行处理,使图形更为直观和清晰(见表 1-1)。

表 1-1   本书研究所需基本数据

数据类别		分项描述	数据来源
基础地理数据	行政区划图	行政区划省、市、县(区)边界	资源环境科学数据中心

续表

数据类别		分项描述	数据来源
经济社会数据	统计数据	三产产值增加值、地区生产总值、固定资产投资总额、人均可支配收入、城市建成区面积、三废排放量、交通数据、建成区绿化率、公交车辆数、医生数、一次能源、煤炭、石油、天然气生产量和消费量，各行业能源消耗等	中国城市年鉴、中国能源年鉴、山东省统计年鉴、区域经济统计年鉴、城乡统计年鉴等
统计、文字资料	国家相关政策	"十四五"规划和2035年远景目标规划纲要、山东半岛城市群各城市规划文本等、主体功能区规划	文献及政策法规文件
实况资料	开发区发展情况	典型开发区土地集约利用	实地走访

资料来源：笔者整理。

第二章　推进山东半岛城市群新型城镇化

2020年作为全面建成小康社会的决胜之年和我国开启全面建设社会主义现代化国家新征程伊始，习近平总书记提出要推动形成以国内大循环为主体、国内国际双循环相互促进的新发展格局。推进以人为核心的新型城镇化是内需的最大潜力所在。新型城镇化是推动现代化建设和区域协调发展的重要支撑，是扩大内需和促进产业转型升级的重要抓手。本章主要介绍了新型城镇化的内涵和理论基础，对山东半岛城市群的自然地理状况和社会经济状况进行了概述。通过构建新型城镇化和生态环境耦合发展模型，对山东半岛城市群的耦合发展状况进行了评价，据此提出了山东半岛城市群新型城镇化发展的路径。

第一节　推进新型城镇化发展的内涵和理论基础

一　新型城镇化的内涵

城镇的发展伴随着工业的发展，大量农村劳动力向城镇聚集从事非农业生产和服务，从而促进生产分工，降低交易成本，产生技术溢出效应。按照刘易斯的二元理论，逐渐形成了工业—城市、农业—农村的基本城乡地理分工格局。城镇化是中国经济发展的重要驱动力，1978年，中国只有17.92%的人口生活在城市，2019年，中国的城镇化水平达到60.6%；全国城镇人口数量由1.73亿人增加到8.48亿人。根据预测，2035年中国约有70%的人口生活在城镇，2050年城镇化率将上升到80%左右，预计新增城市人口超过2亿人（张永生，2021）。我国改革开放四十多年来，高速的城镇化进程中出现了资源粗放利用、生态系统退化严重、国土生态空间利用质量低下等问题，日益成为城镇化发展的限制性因素。新型城镇化是在中国经济增长方式粗放、资源消耗巨大、生态环境破坏严重的背景下提出的。2014年《国家新型城镇化规划（2014—2020年）》提出全面提高城镇化质量，走集约、智能、绿色、低碳的新型城镇化道路。新型城镇化不仅指城镇地域范围的扩张和城镇人口数量的增加，而且更加强调共享社会发展成果、公共服务均等化。城市群在国家发展中具有推动生态文明建设和区域经济可持续发展的重要战略作用。

二 新型城镇化发展质量研究进展综述

1. 新型城镇化发展质量的理论研究

城镇化是动态的演化过程，城镇化发展理论也是不断更新完善的过程，主要包括区位理论、刘易斯的二元经济结构理论、配第—克拉克定理、佩鲁的增长极理论、弗里德曼的中心—边缘理论、生态学派理论等。城镇化的动力机制一直是学者研究的重点。城镇化是在内力和外力的共同作用下进行的，具体涵盖区域资源条件、地理环境、宏观政策、对外开放程度、外资利用、大中城市的扩散、政府的作用和人的主体行为等（Chen，2010）。新型城镇化是在中国经济增长方式粗放、资源消耗巨大、生态环境破坏严重的背景下提出的。学者们越来越重视城镇化进程中的环境问题（崔学刚，2019；赵建吉，2020），较早证明了城镇化水平和生态环境存在"环境库兹涅茨倒U形曲线"的交互关系。Wang等（2014）依据城镇化与经济的关系和生态环境与经济的关系推导出了城镇化与生态环境之间的双指数交互胁迫关系曲线。恶化的生态环境将降低生活宜居度，降低经济发展的竞争力，减缓城镇化进程。

2. 新型城镇化发展质量的测度

评价指标模型的构建是城镇化质量研究的核心工作。在构建指标方面，由于关注的视角不同，研究框架的设计有所不同（欧向军，2008；李秋颖，2015）。比较典型的有王洋（2012）分别从人口城镇化、经济城镇化、土地城镇化和社会城镇化四个方面构建了城镇化水平综合评价体系。刘彦随（2011）重点对县域经济发展、粮食生产、社会保障和生态保育四项功能进行评价。学术界对城镇化质量水平提出了许多不同的测度方法，较为常用的方法有加权求和指数法、主成分分析法、层次分析法、聚类分析法、熵值法、物元分析法等。对城镇化效率的测度方法，有 DEA 模型、Malmquist 模型、SBM-Undesirable 模型和 Malmquist-Luenberger 生产率指数模型等。不同评价方法在处理分析问题上各有利弊，评价者应根据评价目的选择适宜的方法。

3. 新型城镇化发展与生态环境耦合关系综述

工业化带动了城镇的快速发展，但也消耗了大量资源，造成了严重的环境污染。国内外学者越来越重视城镇化进程中的环境问题，主要集中在以下几个方面。一是现象和表征。王振波（2011）实证分析了长江三角洲地区城镇化和生态环境的耦合胁迫关系；王秀明（2019）构建了城镇化和生态环境的耦合关系模型，发现广东省城镇化与生态环境耦合协调度持续提高，经历了四个不同的耦合协调阶段；冯雨雪和李广东（2020）研究了青藏高原不同尺度间城镇化和生态环境的耦合关系，发现城镇化综合评价指数呈阶段性上升趋势，生态环境指数变化趋势不同，各地级单元生态环境指数存在分层现象。二是机制与规律。黄金川（2003）的研究认为城市化与生态环境之间存在交互耦合胁迫机制，城镇化进程中人口膨胀、企业数量增加和交通拥堵等方面是造成生态胁迫的主要因素，生态环境对城市化的约束作用表现为人口和资本趋于向生态环境好的地区流动；任宇飞（2019）认为进入 21 世纪以来，气候变化的挑战前所未有，要立足于要素流通和系统，以响应联合国《2030 年可持续发展议程》（SDGs）提出的可持续发展目标。三是格局与区域差异。吕有金（2019）基于城镇化和生态环境耦合协调模型对全国范围进行研究，结果表明城镇化与生态环境耦合协调度呈现出东、中、西部地区依次递减的梯度分布格局；周少甫（2019）研究了新型城镇化与空气污染的关系，结果表明新型城镇化呈现出向东部地区集聚的态势，并对空气污染的影响最大；空气污染表现出明显的"漏出效应""叠加效应"和"警示效应"。四是协调关系类型。Grossman（1995）较早证明了城镇化水平和生态环境存在"环境库茨涅茨倒 U 形曲线"的交互关系；方创琳（2019）从理论上揭示了城镇化与生态环境交互作用的耦合性。

第二节　山东半岛城市群案例区基本情况

山东位于中国东部沿海的脐部，南联长三角城市群，北接京津冀城市群，是黄河流域最便捷的出海通道和东北亚经济圈的重要组成部分，辖 16 个地级市。其东临渤海、黄海，与朝鲜半岛、日本列岛隔海相望，西北与河北省接壤，西部与河南交接，南部与江苏、安徽两省接界，总面积 15.7 万平方千米，国土面积占全国的 1.64%。山东区位条件优越，海洋资源丰富，科教优势明显，经过多年的建设，已经成为我国东部地区和华北地区促进对外开放和国际交流的门户，已成为建设创新型国家的重要支撑区域，在我国的经济社会发展中具有重要的战略地位，因此选择山东为研究区，对推动生态文明建设和区域经济可持续发展具有重要的意义。

一　自然地理概况

1. 行政区划

山东地域空间范围包括济南市、青岛市、淄博市、枣庄市、东营市、烟台市、潍坊市、济宁市、泰安市、威海市、日照市、临沂市、德州市、聊城市、滨州市、菏泽市，包括 2 个副省级城市、16

个地级市、57个市辖区、27个县级市和53个县（见表2-1）。本书主要以县域单元为主，仅包含县级市和县。

表2-1　　　　　　山东半岛城市群行政区划

行政区域	行政级别	县（市、区）	数量（个）
济南市	副省级	历下区、市中区、槐荫区、天桥区、历城区、长清区、章丘区、济阳区、莱芜区、钢城区、平阴县、商河县	12
青岛市	副省级	市南区、市北区、黄岛区、崂山区、李沧区、城阳区、即墨区、胶州市、平度市、莱西市	10
淄博市	地级市	淄川区、张店区、博山区、临淄区、周村区、桓台县、高青县、沂源县	8
枣庄市	地级市	市中区、薛城区、峄城区、台儿庄区、山亭区、滕州市	6
东营市	地级市	东营区、河口区、垦利区、利津县、广饶县	5
烟台市	地级市	芝罘区、福山区、牟平区、莱山区、长岛县、龙口市、莱阳市、莱州市、蓬莱市、招远市、栖霞市、海阳市	12
潍坊市	地级市	潍城区、寒亭区、坊子区、奎文区、临朐县、昌乐县、青州市、诸城市、寿光市、安丘市、高密市、昌邑市	12
济宁市	地级市	任城区、兖州区、微山县、鱼台县、金乡县、嘉祥县、汶上县、泗水县、梁山县、曲阜市、邹城市	11
泰安市	地级市	泰山区、岱岳区、宁阳县、东平县、新泰市、肥城市	6
威海市	地级市	环翠区、文登区、乳山市、荣成市	4
日照市	地级市	东港区、岚山区、五莲县、莒县	4
临沂市	地级市	兰山区、罗庄区、河东区、沂南县、郯城县、沂水县、兰陵县、费县、平邑县、莒南县、蒙阴县、临沭县	12
德州市	地级市	德城区、陵城区、宁津县、庆云县、临邑县、齐河县、平原县、夏津县、武城县、乐陵市、禹城市	11
聊城市	地级市	东昌府区、茌平区、阳谷县、莘县、东阿县、冠县、高唐县、临清市	8
滨州市	地级市	滨城区、沾化区、惠民县、阳信县、无棣县、博兴县、邹平市	7
菏泽市	地级市	牡丹区、定陶区、曹县、单县、成武县、巨野县、郓城县、鄄城县、东明县	9

资料来源：《山东统计年鉴2020》。

2. 地理位置

山东地处黄河下游，以济南和青岛两个副省级城市为中心。山东濒临渤海和黄海，东与朝鲜半岛、日本列岛隔海相望。陆地海岸线总长3345千米，约占全国的1/6，沿海岸线有天然港湾200余处，可建万吨级以上泊位的港址50多处，面积在500平方米以上的海岛有320个。

3. 地形地貌

山东地势平坦，地貌类型多样，具有多种自然地理单元景观，可分为中山、低山、丘陵、台地、盆地、山前（间）平原、黄河冲积扇、黄泛平原和黄河三角洲9个基本地貌类型。山地约占陆地总面积的15.5%，丘陵占13.2%，洼地占4.1%，湖泊占4.4%，平原占55%，其他占7.8%。

4. 气候特征

山东属于暖温带半湿润大陆性季风气候，具有四季分明，干湿显著，雨热同季的特点。年平均日照时数为2300—2900小时，年平均气温11—14摄氏度，年降水量550—950mm，热量条件可满足农作物一年两作的需要。这为山东农业资源的综合开发利用，以及建设具有特色的优质农副产品生产基地提供了极为有利的条件。

5. 水文特征

山东水系比较发达，境内湖泊交错，水网密布，分属黄河、淮河、海河、小清河及山东半岛水系。全省平均河网密度为0.24千米/平方千米。长度在5千米以上的河流有5000多条，有70多条为干流和一级支流。

二　社会经济概况

1. 人口规模

根据最新公布的第七次全国人口普查数据，2020年山东半岛城市群常住人口数量高达10152.75万人，约占全国人口总数的7.19%。山东省作为全国人口大省，常住人口数量多年来均位居全国第二，仅次于广东省。如表2-2所示，山东半岛城市群的人口密度远高于全国平均水平，超过全国平均人口密度的 4 倍。2011—2020 年山东半岛城市群人口由 9637 万人增长到 10152.75 万人，城镇化率与全国平均水平相近，近十年间城镇化率由 50.95% 增长至 63.05%，增长了 12.1 个百分点。随着国家生育政策的放开和城镇化进程的持续推进，山东半岛城市群的人口数量和城镇化率将进一步提高，人口规模的不断增加会扩大当地对生产和生活物资的需求。

表 2-2　山东半岛城市群经济社会发展情况及其在全国的地位

年份	人口（万人）	GDP 总量（亿元）	人均 GDP（元）	城镇化率（%）	人口密度（人/km²）	人口占全国比重（%）	GDP 占全国比重（%）	全国城镇化率（%）	全国人口密度（人/km²）
2011	9637.00	45874.95	47724.00	50.95	613.00	7.15	9.40	51.27	140.39
2012	9685.00	50626.96	52403.00	52.43	616.00	7.15	9.40	52.57	141.09
2013	9733.39	55911.86	57587.00	53.75	619.00	7.15	9.43	53.73	141.79
2014	9789.43	60164.80	61635.00	55.01	620.00	7.16	9.35	54.77	142.53
2015	9847.16	63002.30	65040.00	57.01	624.00	7.16	9.15	56.10	143.23
2016	9946.64	67925.62	68633.00	59.02	630.00	7.19	9.10	57.35	144.08
2017	10005.83	72634.10	72807.00	60.58	634.00	7.20	8.73	58.52	144.85
2018	10047.24	76469.70	76267.00	61.18	636.00	7.20	8.32	59.58	145.40
2019	10070.21	71067.50	70653.00	61.51	637.00	7.19	7.20	60.60	145.88
2020	10152.75	73129.00	72151.00	63.05	643.00	7.19	7.20	63.89	147.11

资料来源：历年《山东统计年鉴》《中国统计年鉴》。

2. 经济发展状况

山东半岛城市群是我国重要的经济发展地区，经济实力居全国前列，以约 1.65% 的国土面积产出了 7.2% 以上的 GDP。如表 2-2 所示，除 2019 年受新冠肺炎疫情影响，GDP 总量和人均 GDP 出现了小幅降低外，十年间，山东半岛城市群的 GDP 总量和人均 GDP 均呈上升趋势，地区经济和人民生活水平均得到大幅提升。2011 年山东半岛城市群的 GDP 总量为 45874.95 亿元，2020 年增长到

73129.00亿元，十年时间增长了0.59倍。从人均GDP来看，2011年山东半岛城市群的人均GDP为47724.00元，2020年增长至72151.00元，比2011年增长了0.51倍。2011—2020年，虽然南方地区的经济发展速度显著快于北方，山东半岛城市群GDP占全国GDP的比重一度出现了下降，但是山东半岛城市群在全国的经济地位并没有受到显著的影响，且一直在奋力赶超，稳步发展。

3. 产业发展状况

山东的优势主导产业包括两个部分，一是传统产业的升级产业，主要有先进装备制造业，重点包括发展汽车及零部件、船舶与海洋工程装备、原材料产业，包括钢铁、冶金、化工、建材等基础原材料产业，消费品工业家电、纺织、造纸、食品等产业；二是新兴战略性产业，主要包括新能源、新材料、新信息、新医药和海洋开发五大产业。

4. 新型城镇化发展格局

为贯彻落实《国家新型城镇化规划（2014—2020年）》的规划部署，2014年山东省编制并发布实施了《山东省新型城镇化规划（2014—2020）》，在对山东省城镇化水平、质量、模式、格局等特征、问题系统梳理和研究的基础上，提出了具有山东省特色的新型城镇化目标、路径和空间布局。在依托国家相关规划部署的基础上，从山东城镇化的主要矛盾和问题出发，确定了山东省城镇化"均衡发展"的基本思想。此后，山东省又先后发布了《山东省城镇体系规划（2011—2030）》《山东省农业转移人口市民化发展规划（2016—2020）》《山东半岛城市群发展规划（2016—2030）》《山东省沿海城镇带规划（2017—2035）》《加快推进新型城镇化建设行动实施方案（2018—2020）》。2017年1月，山东省委、省政府发布《山东半岛城市群发展规划（2016—2030）》，提出构建"两圈四区"的总体布局，并将山东半岛城市群的范围拓展至全省，确定济南、青岛为城市群双核心城市，精心打造济南、青岛、烟威、东滨、临日、济枣菏六大都市圈（区）。2017年3月国务院批复《山东省城镇体系规划（2011—2030）》，提出对接融入国家和省区域发展战略，构建"双核、四带、六区"网络化城镇空间体系。2020年，山东出台建立更加有效的区域协调发展新机制实施方案以及打造省会、胶东、鲁南经济圈一体化发展指导意见，构建"一群、两心、三圈"的城镇化发展新格局。

第三节　山东半岛城市群城镇化发展与生态环境耦合协调

一　城镇化与生态环境耦合模型构建

（一）城镇化与生态环境耦合模型构建评价流程

指标体系的构建与指标选择。应首先通过明确新型城镇化质量和生态环境的机理，对新型城镇化质量和生态环境进行一级指标和具体指标进行科学合理的构建，然后对每个功能组团进行解剖，优先选择代表性强、信息量大的关键指标。

研究区域的基础信息收集。明确研究区域的时空尺度后，通过文献回顾、基于实际调研数据、土地利用数据、社会经济统计数据，对研究区域自然、经济、社会、生态状况进行全面深入的了解。要保障数据收集的科学性、准确性和可操作性。

综合评价模型的构建。基于对影响因素及形成机理的分析，分别建立子系统模型，与影响因素相互呼应；建立各子系统的分要素评价模型，分要素评价模型是子系统模型的分解；分要素评价模型又由若干个具体指标组成。这样形成了综合评价模型—子系统评价模型—具体指标层三个相互联系的评价系统。

综合评价结果分析。在数据收集分析的基础上，利用综合评价模型对案例区进行评价，深入分析空间分异规律性，为新型城镇化质量的提升提供科学的理论依据。

（二）综合评价指标体系构建原则和数据处理

1. 指标体系构建的基本原则

一是科学性原则。要力求选择出能真实表现新型城镇化质量和生态环境关键、核心的指标内容。二是可操作性原则。同一指标应具有统计口径和统计范围的连续性和一致性，使不同的地域单元的数据具有可比性。对于概念模糊、界定不清的指标不能选取。三是综合性原则。要从系统性、综合性的角度构建一个层次分明、各指标有机结合的统一体。力求全面、正确地反映地区新型城镇化质量的基本情况。四是动态性原则。新型城镇化质量和生态环境评价结果的重要作用能够反映某一地区较长时间的发展变化，因此在构建指标时应考虑指标的动态变化性。

2. 指标体系的层次结构

层级结构是指标体系构建的框架基础，使其具备系统性和逻辑性。在综合评价指标遴选的基础上，构建综合评价指标体系的层次结构。该评价指标体系包括三个层次：目标层、一级指标层、具体指标层。层级性的指标体系既能反映单要素的发展水平，又能从分子系统和综合系统等不同视角全方位地反映地区新型城镇化质量和生态环境耦合发展情况。

基于城镇化与生态环境耦合的构成因素和影响机理，对新型城镇化子系统和生态环境子系统进行分解，分别建立子系统的分要素评价模型，分要素模型又由若干个具体指标构成。进而进一步构建城镇化与生态环境的耦合协调模型，对协调发展程度进行判断。

3. 数据处理的方法

正向评价指标：值越大，表示水平指数越大。其函数为：

$$X_{ij} = \frac{x_{ij} - x_0}{x_0} = \begin{cases} (x_{ij} - x_0)/x_0 & x_{ij} > x_o \\ 0 & x_{ij} \leq x_o \end{cases} \quad (2-1)$$

负向评价指标：值越大，表示水平指数越小。其函数为：

$$X_{ij} = \frac{x_o - x_{ij}}{x_o} = \begin{cases} (x_o - x_{ij})/x_o & x_{ij} > x_o \\ 0 & x_{ij} \leq x_o \end{cases} \quad (2-2)$$

适度评价指标：表示指标数值处于某一适度值时最好，其值比标准值大或小都不好。其函数为：

$$X_{ij} = \frac{2(x_{ij}-x_o)}{x_o} = \begin{cases} 2(x_o-x_{ij})/(x_{j\max}-x_{j\min}) & x_{j\min}<x_{ij}<x_o \\ 0 & x_{ij}=x_o \\ 2(x_{ij}-x_o)/(x_{j\max}-x_{j\min}) & x_o<x_{ij}<x_{j\max} \end{cases} \quad (2-3)$$

x_{ij} 为指标的原始值，X_{ij} 表示指标 x_{ij} 无量纲化后的数值，反映了单项指标的离差度。$x_{j\max}$、$x_{j\min}$ 分别为指标的最大值和最小值；i 为第 i 个样本；j 为第 j 个指标。式中 $i = 1, 2, \cdots, m$；$j = 1, 2, \cdots, n$。

计算第 i 个单元第 j 个指标值的比重：

$$X_{ij} = x_{ij} \Big/ \sum_{i=1}^{m} x_{ij} \quad (2-4)$$

计算指标熵：

$$e_j = -\frac{1}{\ln m} \sum_{i=1}^{m} (X_{ij} \times \ln X_{ij}),\ 有\ 0 \leqslant e_j \leqslant 1 \quad (2-5)$$

计算冗余度：

$$d_j = 1-e_j \quad (2-6)$$

计算指标权重：

$$W_j = d_j \Big/ \sum_{j=1}^{n} d_j \quad (2-7)$$

计算评价得分：

$$S_{ij} = W_j \times x_{ij} \quad (2-8)$$

计算水平得分：

$$S_i = \sum_{j=1}^{n} S_{ij} \quad (2-9)$$

（三）城镇化与生态环境耦合模型具体指标体系

1. 生态环境综合评价模型

生态环境的保障能力直接影响着区域的可持续发展、经济发展和社会进步。良好的生态环境对城镇化的提升有利，可以供给更多的资源，对排放的废物有更大的受纳能力；投资环境竞争力增强，能吸引大量资本和项目，加速经济水平提高；而且居住环境舒适度高，人民的满意度和幸福感增强。生态环境恶化将影响居住环境的舒适度，降低人们生活质量；降低投资环境的竞争力，使经济增速下降，减缓城镇化进程。城镇化的过程受到生态环境子系统资源要素、生态要素、生态压力和生态响应等层面不同程度的限制和约束，如表2-3所示。

表2-3　　　　生态环境水平综合评价指标

一级指标	二级指标	三级基础指标层
生态环境综合评价指标	资源要素条件	人均耕地面积（亩/人） 人均粮食总产量（千克/人） 人均粮食作物播种面积（亩/人）
	生态要素条件	建成区绿化覆盖率（%） 人均绿地面积（平方米/人） 森林覆盖率（%）
	生态压力条件	人均工业废水排放量（吨/人） 人均工业 SO_2 排放量（吨/万人） 人均工业固体废弃物排放量（吨/人）
	生态响应条件	城镇垃圾无公害处理率（%） 城镇污水集中处理率（%） 工业固体废物综合利用率（%）

2. 城镇化水平综合评价模型

城镇化是以内向式集聚为主和外向式推延为辅的综合作用力影响进程，涵盖社会、经济、文化、政治等发展因素的复杂过程。大量农村人口向城镇迁移，人口过快向城市集中会给生态环境带来巨大的压力，同时，城市用地规模不断扩张会造成土地资源紧张，特别是对耕地的侵占。经济城镇化一方面促进了产业的提升，另一方面也消耗了大量资源，过度的工业排放造成了环境严重污染。社会城镇化主要表现为城市的思想和行为方式向农村地区的扩散。城镇化可以概括为人口城镇化、空间城镇化、经济城镇化和社会城镇化四个方面（见表2-4）。

表2-4　　　　　　　　城镇化水平综合评价指标

一级指标	二级指标	三级基础指标层
城镇化水平综合评价指标	人口城镇化	城市人口密度（人/平方千米） 第三产业从业人口比重（%） 城镇人口比例（%）
	空间城镇化	城市建成区面积（平方千米） 人均城市道路面积（平方米） 每万人拥有城市建成区面积（平方千米）
	经济城镇化	人均GDP（万元/人） 人均工业总产值（万元/人） 第三产业增加值占GDP比重（%） 人均财政收入（元/人） 城镇人均可支配收入（元/人） 全社会固定资产投资（万元）
	社会城镇化	人均社会消费品零售总额（元/人） 每万人拥有电话数量（部/万人） 每万人拥有医生数（人/万人）

3. 城镇化水平和生态环境协调发展度水平计算

$$C_n = \left\{ (m_1 \cdot m_2 \cdots m_n) \Big/ \left[\prod (m_i + m_j) \right] \right\}^{1/n} \quad (2\text{-}10)$$

由于系统之间的耦合关系存在相似性，耦合协调度现在被广泛地应用到研究两者的关系之中，即：

$$C = \left\{ f(x) \cdot g(x) \Big/ \left([f(x) + g(x)]/2 \right)^2 \right\}^{1/2} \quad (2\text{-}11)$$

进一步构造城镇化水平与生态环境的耦合协调度模型，来判别协调程度（见表2-5），即：

$$T = \alpha f(x) + \beta g(x) \quad (2\text{-}12)$$

$$D = \sqrt{C \cdot T} \quad (2\text{-}13)$$

表 2-5　　城镇化发展与生态环境耦合协调类型

类型	协调度	亚类型	子类型	结果判断
协调发展	$0.8<D\leqslant1$	高级协调	$g(x)-f(x)>0.1$	高级协调——城镇化水平滞后
			$f(x)-g(x)>0.1$	高级协调——生态环境水平滞后
			$0<\lvert f(x)-g(x)\rvert\leqslant0.1$	高级协调
转型发展	$0.6<D\leqslant0.8$	中度协调	$g(x)-f(x)>0.1$	中度协调——城镇化水平滞后
			$f(x)-g(x)>0.1$	中度协调——生态环境水平滞后
			$0<\lvert f(x)-g(x)\rvert\leqslant0.1$	中度协调
	$0.4<D\leqslant0.6$	低度协调	$g(x)-f(x)>0.1$	低度协调——城镇化水平滞后
			$f(x)-g(x)>0.1$	低度协调——生态环境水平滞后
			$0<\lvert f(x)-g(x)\rvert\leqslant0.1$	低度协调
不协调	$0.2<D\leqslant0.4$	中度失调	$g(x)-f(x)>0.1$	中度失调——城镇化水平滞后
			$f(x)-g(x)>0.1$	中度失调——生态环境水平滞后
			$0<\lvert f(x)-g(x)\rvert\leqslant0.1$	中度失调
	$0<D\leqslant0.2$	严重失调	$g(x)-f(x)>0.1$	严重失调——城镇化水平滞后
			$f(x)-g(x)>0.1$	严重失调——生态环境水平滞后
			$0<\lvert f(x)-g(x)\rvert\leqslant0.1$	严重失调

（四）数据来源

本书以山东半岛城市群地区为研究单元，以1985—2017年社会经济和生态环境数据为研究对象，分析了1985年以来山东半岛城市群地区城镇化与生态环境耦合协调变化的特征。主要来源于1985—2017年《中国统计年鉴》《城市建设统计年鉴》《中国城市统计年鉴》以及部分省、市统计年鉴。采用城市居民消费价格指数对地区生产总值、固定资产投资总额、人均可支配收入等指标进行了不变价换算，以保持统计口径的一致性和数据的准确性。

二　城市群地区城镇化发展与生态环境耦合协调的实证分析

（一）山东半岛城市群生态环境水平演变特征

从表2-6可以看出，森林覆盖率（0.139）、人均工业SO_2排放量（0.125）、人均绿地面积（0.121）、人均工业废水排放量（0.110）对生态环境综合水平具有较高的贡献份额，共占到

49.4%。图 2-1 展示了生态环境综合水平及各个层面生态环境水平的变动趋势。生态环境水平综合水平在整个研究时间段表现出缓慢上升趋势，2015 年开始增长幅度有较大提升。生态压力要素对总体份额较高，但整体呈波动中下降趋势，说明随着经济的发展，对生态的压力越来越大。生态要素层面和生态响应层面呈现缓慢上升趋势。而资源要素层面呈现波动中先微弱上升，后保持平稳发展。党的十八大以后，习近平总书记相继提出了生态文明建设和绿色发展的理念，采取环境保护组合拳，有力改善了生态环境。

表 2-6　　　　　　　　生态环境评价指标及权重

一级指标	熵值法	AHP法	综合权重	基础指标层	熵值法	AHP法	综合权重	基础指标权重
资源要素条件	0.29	0.16	0.23	人均耕地面积（亩/人）	0.47	0.32	0.395	0.091
				人均粮食总产量（千克/人）	0.31	0.36	0.335	0.077
				人均粮食作物播种面积（亩/人）	0.21	0.32	0.265	0.061
生态要素条件	0.42	0.30	0.36	建成区绿化覆盖率（%）	0.18	0.38	0.28	0.101
				人均绿地面积（平方米/人）	0.35	0.32	0.335	0.121
				森林覆盖率（%）	0.47	0.30	0.385	0.139
生态压力条件	0.13	0.44	0.29	人均工业废水排放量（吨/人）	0.50	0.26	0.38	0.110
				人均工业 SO_2 排放量（吨/万人）	0.38	0.48	0.43	0.125
				人均工业固体废弃物排放量（吨/人）	0.12	0.26	0.19	0.055
生态响应条件	0.15	0.10	0.13	城镇垃圾无公害处理率（%）	0.17	0.36	0.265	0.034
				城镇污水集中处理率（%）	0.41	0.44	0.425	0.055
				工业固体废物综合利用率（%）	0.41	0.20	0.305	0.040

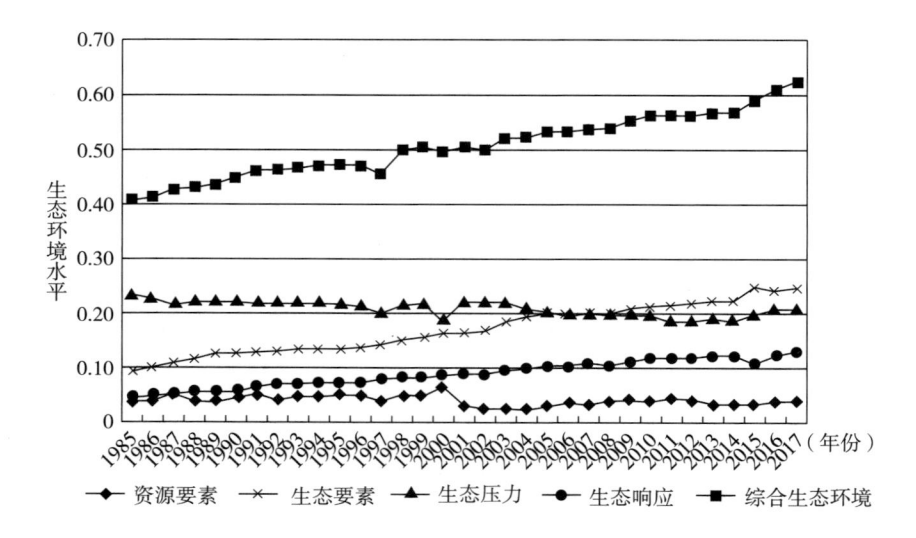

图 2-1　生态环境水平的变化趋势

（二）山东半岛城市群城镇化发展的演变特征

从表 2-7 中可以看出，第三产业从业人口比重（0.118%）、城镇人口比例（0.106%）、每万人拥有建成区面积（0.095）、城市人口密度（0.093）、第三产业增加值占 GDP 比重（0.092%），对城镇化综合水平具有较高的贡献份额，总共占到 50.40%。基于以上分析，表明城镇人口数量增加、非农产业发展和建成区规模扩张是影响山东半岛城市群城镇化快速发展的重要原因。研究结果也恰好符合山东半岛城市群的实际情况，人口的增长和城市发展的交互关系是影响区域可持续发展的重要原因之一。所以城市规划者和政府机构在考虑和构建城市发展政策时应高度关注城镇人口增长与城市地域范围扩展的协调关系，城市地域范围扩张过快会引起土地资源和基础设施浪费，而城市地域范围扩张过慢则无法满足城镇人口增长的需要。采取适当的区域发展政策和适宜的城市发展战略对健康城镇化的发展具有重要的战略意义。

表 2-7　　　　　　　　　城镇化综合评价指标及权重

一级指标	熵值法	AHP法	综合权重	基础指标层	熵值法	AHP法	综合权重	基础指标权重
人口城镇化	0.13	0.51	0.32	城市人口密度（人/平方千米）	0.28	0.30	0.29	0.093
				第三产业从业人口比重（%）	0.41	0.34	0.37	0.118
				城镇人口比例（%）	0.31	0.36	0.33	0.106
空间城镇化	0.23	0.21	0.22	城市建成区面积（平方千米）	0.42	0.22	0.32	0.070
				人均城市道路面积（平方米）	0.23	0.27	0.25	0.055
				每万人拥有城市建成区面积（平方千米）	0.35	0.50	0.43	0.095
经济城镇化	0.45	0.21	0.33	人均GDP（万元/人）	0.11	0.30	0.21	0.069
				人均工业总产值（万元/人）	0.21	0.16	0.19	0.063
				第三产业增加值占GDP比重（%）	0.27	0.28	0.28	0.092
				人均财政收入（元/人）	0.15	0.09	0.12	0.040
				城镇人均可支配收入（元/人）	0.04	0.08	0.06	0.020
				全社会固定资产投资（万元）	0.22	0.09	0.15	0.050
社会城镇化	0.19	0.07	0.13	人均社会消费品零售总额（元/人）	0.31	0.35	0.33	0.043
				每万人拥有电话数量（部/万人）	0.56	0.33	0.45	0.059
				每万人拥有医生数（人/万人）	0.13	0.32	0.22	0.029

资料来源：历年《山东统计年鉴》。

图 2-2 展示了城镇化综合水平及各个层面城镇化水平的变动趋势。城镇化综合水平在 1985—2017 年一直保持上升趋势。这表明山东半岛城市群在改革开放以来，城市发展较快，城镇人口不断增长，城市规模不断扩张，同时经济发展水平不断提升。具体分析，人口城镇化曲线呈上升趋势，人口城镇化对城镇化综合水平的贡献

份额和人口城镇化曲线保持一致，再一次表明了人口城镇化对城镇化综合水平的贡献份额最大。空间城镇化的贡献份额具有明显的线性增长趋势，表明城市规模扩张明显。经济发展水平是通过价格平减指数计算后的结果，呈现平稳上升。社会城镇化呈现缓慢上升的趋势，对城镇化总体贡献份额不高，表明虽然在不断发展，但发展还处于中低度水平。

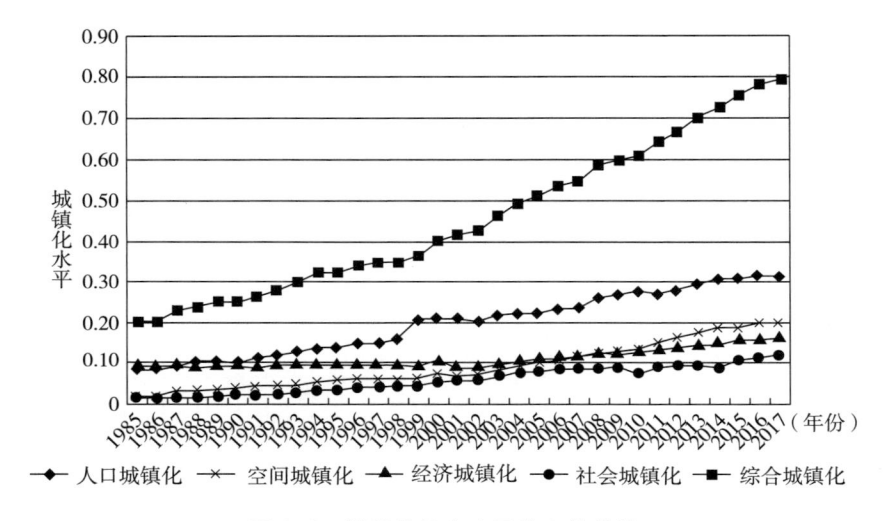

图 2-2　城镇化综合水平的变化趋势

资料来源：历年《山东统计年鉴》。

（三）山东半岛城市群生态环境和城镇化耦合协调分析

图 2-3 反映了山东半岛城市群 1985—2017 年生态环境与城镇化耦合协调发展的变动趋势。城镇化水平在经济发展初期，整体发展水平还不高，对生态环境水平并没有构成严重影响。随着工业化和经济的迅速发展，城镇化水平提高迅速，但山东半岛城市群经济以高耗能发展模式为主，产业结构以工业为主，污染严重。单位用地"工业三废"排放量远高于全国平均水平，国土生态空间面临着与日俱增的压力。耦合类型从低度协调—城镇化滞后阶段（1985—1992 年），过渡到中度协调—城镇化滞后型（1993—2005 年），进入中度协调—生态环境滞后型（2006—2017 年）。

图 2-3　生态环境和城镇化耦合协调的变化趋势

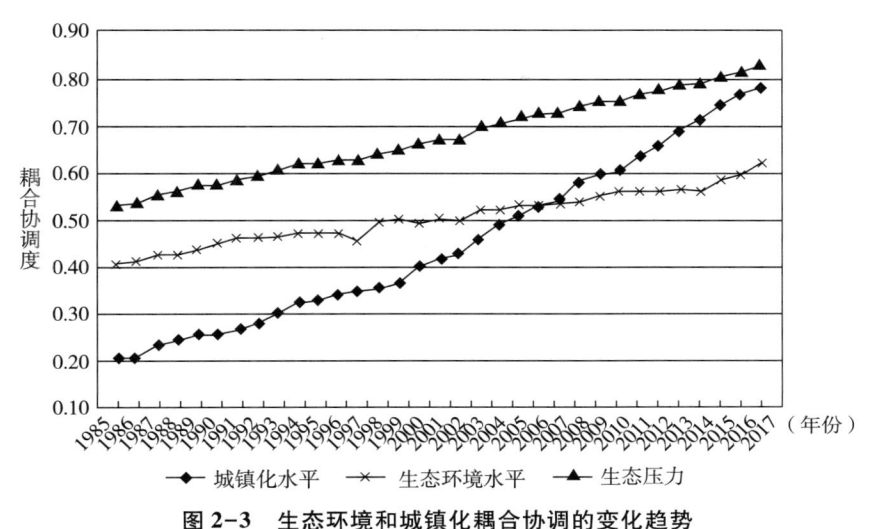

资料来源：历年《山东统计年鉴》。

城镇化是在中国经济增长方式粗放、资源消耗巨大、生态环境破坏严重的背景下提出的。以山东半岛城市群为例，构建了耦合协调模型，定量评价了城镇化与生态环境的耦合协调度，得出以下结论：山东半岛城市群耦合类型经历了低度协调—城镇化滞后阶段（1985—1992 年），中度协调—城镇化滞后型（1993—2005 年），中度协调—生态环境滞后型（2006—2017 年）三个阶段。森林覆盖率、人均工业 SO_2 排放量、人均绿地面积、人均工业废水排放量对生态环境综合水平具有较高的贡献份额，共占到 49.4%。第三产业从业人口比重、城镇人口比例、每万人拥有建成区面积、城市人口密度、第三产业增加值占 GDP 比重，对城镇化综合水平具有较高的贡献份额，总共占到 50.38%。

第四节　山东半岛城市群新型城镇化的提升对策

"十四五"时期是推进新型城镇化实现高质量发展的关键时期，

应秉持新发展理念，坚持以人为核心，集约、高效、低碳、绿色的城镇化高质量发展路径。为积极构建以国内大循环为主、国内国际双循环相互促进的新发展格局提供重要保障。

一　促进城镇规模体系合理布局

山东半岛城市群形成了 2 个特大城市、9 个大城市、8 个中等城市、75 个小城市、1072 个建制镇协调发展的城镇格局。2019 年，莱芜撤市设区划入济南市，青岛即墨撤市设区，县域人口集聚能力较强，2019 年县域城镇常住人口 3034.08 万人，占全省城镇人口的48.98%。相较于京津冀、长三角、珠三角、成渝城市群的核心城市的中心地位，济南和青岛的辐射带动作用偏弱。2019 年济南、青岛占全省 GDP 的比重分别为 13.40%、16.66%，在全省的人口首位度分别为 0.84、0.89，排名靠后。

要进一步优化山东城镇规模结构布局，协调城市群、核心城市、新生中小城市、特色小城镇人口、产业、要素等资源合理流动和有效配置。根据各地区资源禀赋、区域特色、激活区域发展潜力，重点打造高水平经济圈。极化提升胶东经济圈，打造全国重要的航运贸易中心、金融中心和海洋生态文明示范区，世界先进水平的海洋科教核心区和现代海洋产业集聚区；做强做优省会经济圈，建设成黄河流域生态保护和高质量发展示范区和全国动能转换区域传导引领区；振兴崛起鲁南经济圈，加快城乡融合发展，积极建成乡村振兴先行区、转型发展新高地、淮河流域经济隆起带。

推动建设济南和青岛国家中心城市和国际消费中心城市。深入实施"强省会"战略，推动资源要素和重大生产力优先向省会布局。深入实施工业强市战略，实施建链强链补链延链工程。集中优势资源打造齐鲁科创大走廊，加快推进产学研创新平台项目规划建设工作。打造人与产业共生、经济与生态共存的和谐城市，打造科创济南、智造济南、文化济南、生态济南、康养济南"五个济南"。支持青岛打造开放现代活力时尚的国际大都市，加快建设全球海洋中心城市。积极打造工业互联网全产业生态，以引领性产业的发展深度融入全球工业互联网产业体系，推动制造业生产方式和企业形态走向新高地。加快服务业数字化、标准化、品牌化发展，大力支持高端化、专业化的生产性服务业发展，加快推动现代服务业集聚区建设。依托国家级海洋科技创新载体，实施"蓝色粮仓""健康海洋""透明海洋"等重大海洋科技创新工程，加快提升山东海洋关键领域技术创新能力。实施海洋环境智慧监测，加快海洋生态文明示范区建设。

加快培育新生中小城市。着力推进以县域为主体的城镇化，增强其吸纳人口就业居住的能力。要科学规划，找准在区域发展中的功能定位、产业和人口布局，研究制定实施新生中小城市试点培育方案。优化城镇公共设施规划和配置，加强城市短板领域建设，着力加强公共医疗卫生体系和城市基础设施建设，提高城市应对重大灾害的防御治理能力。利用数字经济发展机遇，推动城镇智慧升级，提高城镇治理和公共服务的精准化、智慧化、科学化水平。

二 打造宜居智慧城市

山东县城智慧发展水平较低。"2020 中国县域智慧城市百强榜"浙江省共有 23 个县域上榜，江苏省有 22 个，广东省有 21 个，而山东省仅有 6 个城市上榜，排名最靠前的威海市荣成市仅列榜单第 19 位。城市之间、部门之间、政企之间、政社之间普遍存在数字鸿沟，数据资源错配和浪费并存。以提升城市品质和人居环境质量为目标，对城市进行精致化管理，推动城市规划、建设、管理、运行有机统一。要建设高水平智慧城市，对现有的城市设施进行数字化和智能化改造，打造智慧城市、智慧交通、智慧建筑、智慧医疗等，将城市管理和服务纳入同一数据网络中，提升城市运行效率和服务能力。立足于科技含量高和附加值高的基础设施建设，为 5G、大数据、人工智能、云计算、物联网、区块链等数字经济提供先进硬件和配套设施。实施城乡配电网建设和智能升级计划，推进电网升级改造，加速全社会电能替代，推进城乡居民消费电气化。加快天然气基础设施建设和互联互通。加快建设超低能耗、近零能耗建筑，积极推进既有建筑节能改造。积极发展清洁热电联产集中供暖，稳步推进生物质耦合供热。

2019年，山东省城镇居民人均可支配收入为42329元，为广东的87.97%、江苏的82.91%、浙江的70.34%。山东省农村居民人均可支配收入为17775元，为广东的94.46%、江苏的78.39%、浙江的59.50%。要进一步优化配套制度保障，稳步提升居民可支配收入。完善住房、医疗、教育、养老保障体系，改善居民消费预期，让消费者敢于消费。进一步提高居民收入，关注和发挥中等收入群体的消费主力军作用。稳步增加农村居民收入，提升农村居民消费能力，提高其消费能力和意愿。打造消费型城市，全面提升服务质量，提升服务消费水平。积极运用现代信息技术，创新服务方式，改进服务流程，加强服务规范和监督管理，不断提高服务质量和水平，通过增加有效供给服务，带动消费者乐于消费。

三 "数字+"促进城乡融合发展

省级政府应将国家大政方针与本地区农业农村特色有效结合，做好省域数字乡村整体规划，减少信息孤岛的存在，促进信息互联共享。建立统筹协调机制、监督和考核机制，推动有关标准的制定和实施。区县政府应围绕补短板、创优势，统筹规划本区县数字乡村建设项目，强化督促落实，进一步加大相关主体的培育。乡镇政府应积极配合，全力做好数据的提供和对接，加大基层宣传，充分调动广大农民参与数字乡村建设。应抓住数字化、信息化手段带动产业振兴，为发展赋能。充分应用数字乡村虚拟空间的增强效应，实现数字为农业生产、农村流通、社会治理等场景赋能，以此来发展农业、服务乡村、重塑农民。促进农业生产智能化，在生产环节，智能催芽、智能灌溉、生长收成监测、水肥一体化、测土配方施肥等大田种植作业模式得到应用。加快精准培育、精准饲养、疫病防治、辅助育种的发展。强化"数字乡村"信息匹配机制建设，通过网络直播、微商等方式推广农产品，提高农产品流通速度，实现产销信息有效匹配和农业产品结构优化，降低农产品无效供给损失。推动社会治理数字化，通过信息化手段感知农村社会态势、畅通沟通渠道、辅助科学决策，加强农村资产、资源、生态、治安等领域的精准管理，推动信息化与乡村治理体系深度融合，实现乡村治理精准化，电子村务基层治理逐渐由单向度转为双向度、多向度。

四 深化体制机制改革

促进劳动力、土地、资本、物质、信息等社会经济要素在城乡空间的双向流动与优化配置。以人的城镇化为核心，合理引导人口流动，有序推进农业转移人口市民化，完善农民工市民化的"居住证"制度改革，继续深化户籍制度改革和公共服务制度保障，稳步推进城镇基本公共服务常住人口全覆盖，全面提高人口城镇化质量和农民工市民化的水平。建立健全居住人口登记制度，还原户口的人口登记功能，逐渐剥离与户籍制度挂钩的福利分配功能。户籍制度改革要与宅基地管理、农村集体组织收益、城市医疗、教育、社会保障等体制机制改革联动。建立统一的劳动力市场，提升人力资本价值，国家应通过发展职业教育、技术培训，提升劳动者的技能和素质，增强劳动者的市场竞争力。要对农村转移人口开展有针对性的落户政策、信息、技术培训，提高农民工的技术知识水平，能更好地在城镇工作和生活。

推进土地要素改革。探索合理途径、创新城乡土地流转制度。本着公平、和谐、高效的原则，促进土地资源在城乡之间的合理流动，以优化城乡土地利用结构和空间布局，显化农村集体所有制土地的资产性属性，推动土地高效集约利用，实现粮食安全、生态保护和经济建设的统筹协调，满足城市化和工业化进程中的建设用地需求，促进乡村振兴的顺利开展。农民土地承包权、宅基地使用权和集体收益分配权转让是土地制度改革中的关键环节。要让农民"带资进城"，确保农民的基本利益不受损，可以根据承担功能不同，设置不同转让改革的尺度。宅基地使用权对进城落户的农民而言，在较长时期承担着养老保障等社会功能，在转让改革时应特别慎重。三权转让制度难点之一是如何确定受让人的范围，可根据一般农村、城郊村、城中村的不同情况，因地制宜地确定受让人的范围和顺序，通常可按集体经济组织、本集体成员、国家、外部自然人或法人的顺序，依据评估作价、信息透明、合法可行的原则进行转让。

要积极引导"资本下乡"，打造农村支援城市，城市反哺农村的良性互动局面。要规范金融市场。大力发展多层次的资本市场，给投资者提供多元的投资场所；规范金融市场的运行，增强其服务实体经济的能力，防止系统性金融风险。加强投融资机制创新，发挥政府投资引导作用，采用发行地方政府专项债券、PPP项目等多种融资渠道，建立促进要素市场化配置的基金，如风投基金、产业基金、并购资金等，营造民间投资环境，激发民间投资活力。

第三章　山东半岛城市群新旧动能转换

"十四五"时期是我国开启全面建设社会主义现代化国家新征程的第一个五年，也是推动山东省新旧动能转换在"三年初见成效"的基础上奋力取得"五年突破"的关键节点。积极引领经济发展新常态，在深化改革开放、实施创新驱动等方面先行先试、率先突破，着力打造创新引领、产业高端、环境最优、活力充沛的新旧动能转换综合试验区，推动山东创新发展、持续发展、领先发展，发挥好在全国新旧动能转换中承南启北的关键作用。本章主要分析了山东省新旧动能转换的产业现状特征，山东省新旧动能转换面临的环境条件，山东省新旧动能转换的任务表、施工路线图和山东半岛城市群新旧动能转换提升路径。

第一节　山东半岛城市群新旧动能转换的产业现状特征

一　山东半岛城市群产业结构变动与优化调整

1. 产业结构实现了优化

1980 年以来，山东半岛城市群产业结构实现了从"二一三"主导型结构、"二三一"主导型结构向"三二一"主导型结构的转变。其中第二产业一直处于主导地位，增加值比重 1980 年为 50.02%，其后在 40%—50% 波动，2001 年后第二产业增加值占比呈逐渐上升趋势，2006 年达到峰值 55.72%，之后开始回落，2015 年转变为

44.88%，低于第三产业增加值比重，到 2019 年，第二产业增加值占比为 39.84%。第一产业增加值比重呈下降趋势，从 1980 年的 36.43%波动下降到 2000 年的 15.13%，继续下降到 2010 年的 10.06%，到 2019 年第一产业增加值占比为 7.20%；第三产业增加值比重一直呈上升趋势，从 1980 年的 13.55%，上升到 2000 年的 35.10%，到 2010 年的 37.67%，2015 年转变为 46.25%，超过第一产业增加值比重，2019 年第三产业增加值比重为 52.96%。从三次产业结构发展来看，从 1980 年的 35∶47∶18 转变到 2010 年的 7∶55∶38 是一个不断优化的过程，尤其是从 2005 年开始，第二产业增加值比重回落，第二产业增加值和第三产业增加值的比重差值逐年缩小，2015 年开始第三产业超过第二产业，标志着山东半岛城市群产业结构已经从"二三一"结构向"三二一"的优化结构转变。

山东半岛城市群是我国重要的工业基地，工业门类齐全，重工业占比较高，在当今新的发展阶段，山东半岛城市群面临着较大的产业转型压力（刘树峰，2014）。如表 3-1 所示，对比 2011—2020 年山东半岛城市群的产业结构和全国整体产业结构可以发现，山东半岛城市群的第二产业增加值占比和工业增加值占比均高于全国平均水平，而第三产业占比均低于全国平均水平。2011 年山东半岛城市群第二产业增加值占比和工业增加值占比分别为 53.49%和 47.49%，比当年全国第二产业增加值和工业增加值占比的 46.53%和 39.99%，分别高出 6.96 个百分点和 7.5 个百分点。到了 2020 年，山东半岛城市群第二产业增加值占比和工业增加值占比分别为 39.13%和 31.6%，仅比全国平均水平高出 1.31 个百分点和 0.79 个百分点。2011 年山东半岛城市群第三产业增加值占比为 37.99%，比全国平均水平低 6.3 个百分点；到 2020 年山东半岛城市群第三产业增加值占比增加到 53.54%，仅比全国平均水平低 0.99 个百分点。从产业转型速度来看，2011—2020 年山东半岛城市群产业转型的速度远超全国平均水平，逐渐调整了最初第二产业增加值占比较大的产业结构问题，目前基本与全国产业结构相似。2012 年全国第三产业增加值占比超过第二产业增加值占比，山东省于2016年完成了第三产业对第二产业的赶超。上述研究表明，近十年来山东半岛城市群产业结构的逐步优化，经济走上了良性发展的道路。

表3-1　　山东半岛城市群及全国产业结构变化分析　　单位：%

年份	山东半岛城市群第二产业增加值占比	山东半岛城市群工业增加值占比	山东半岛城市群第三产业增加值占比	中国第二产业增加值占比	中国工业增加值占比	中国第三产业增加值占比
2011	53.49	47.49	37.99	46.53	39.99	44.29
2012	52.08	46.25	39.63	45.42	38.79	45.46
2013	50.37	44.67	41.66	44.18	37.50	46.88
2014	49.17	43.43	43.08	43.09	36.24	48.27
2015	46.80	42.48	45.30	40.84	34.11	50.77
2016	44.77	40.62	46.62	39.58	32.88	52.36
2017	45.33	39.52	47.99	39.85	33.07	52.68
2018	43.99	37.79	49.53	39.69	32.75	53.27
2019	39.84	32.34	52.96	38.59	31.61	54.27
2020	39.13	31.60	53.54	37.82	30.81	54.53

资料来源：历年《山东统计年鉴》《中国统计年鉴》。

2. 各城市产业结构以"三二一"结构为主

2019年，山东半岛城市群除了东营市和淄博市产业结构为"二三一"之外，其他城市产业结构现状均为"三二一"，但各城市产业结构存在较大差别。东营市第二产业增加值比重最高，为57.4%，高于第三产业增加值比重19.8个百分点，第一产业增加值比重相对较低，为5%。淄博第二产业增加值比重接近50%，工业型城市特征明显。第三产业增加值比重济南最高，为61.8%，其次为青岛、临沂、烟台和潍坊，分别为60.9%、53.2%、51.2%和50.6%，东营的第三产业增加值占比较低。各城市的第一产业增加值比重均在15%以下，聊城最高，为14.1%，其次是济宁、泰安和德州，均在10%以上，而青岛、济南、淄博的第一产业增加值比重低于 5%。分析可知，济南和东部沿海城市第三产业发展势头较好（见图 3-1）。

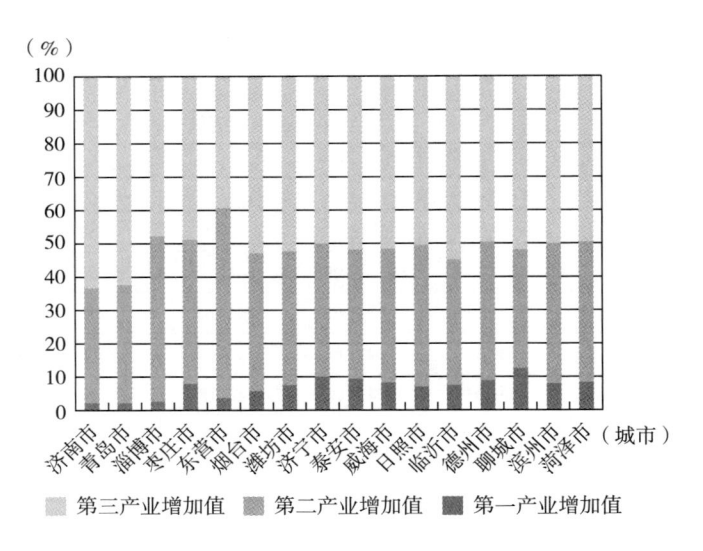

图 3-1　山东半岛城市群 2019 年各城市三次产业结构

资料来源：《山东统计年鉴 2020》。

3. 城市群工业化处在调整转型期

山东半岛城市群 GDP 一直保持较快增长态势，从 2015 年的 55288.79 亿元增加到 2019 年的 71067.53 亿元，2019 年比 2015 年提高了 28.54%。工业增加值从 2015 年的 25910.75 亿元降低到 2019 年的 22985.13 亿元，2019 年比 2015 年降低了 11.29%，表明山东半岛城市群工业化进程处在转型调整期。从各城市工业增加值变动情况看，青岛和烟台一直领先于城市群的其他城市，济南、潍坊、东营、淄博位居其后。相比之下，聊城、日照、泰安、枣庄工业增加值在城市群各城市中排名靠后（见图 3-2）。

二　山东半岛城市群产业发展现状分析

山东省是工业大省、农业大省和沿海大省，受历史基础、资源条件、技术条件、自然地理条件和区位条件等因素的影响，城市群城市的优势主导产业现状特征各不相同，具体见表 3-2。

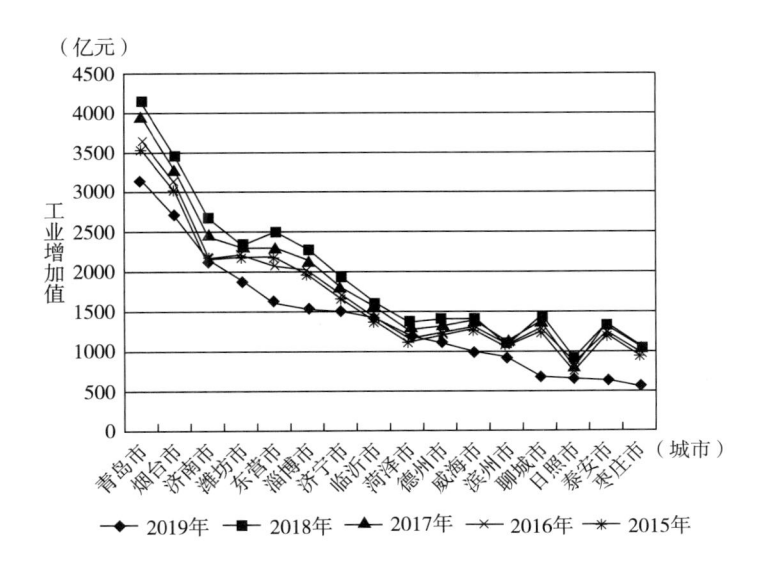

图 3-2　山东半岛城市群各城市工业增加值变动情况（2015—2019）

资料来源：历年《山东统计年鉴》。

表 3-2　　　　　　　山东半岛城市群各城市产业发展现状

城市	产业现状特征
济南	交通装备、机械装备、电子信息、冶金钢铁、石化化纤、食品药品六大主导产业和以金融、现代商贸、物流、科教、信息、旅游为主的现代服务业
青岛	海洋渔业、港口物流、船舶制造、滨海旅游等产业具有传统优势，海洋生物制品、海洋药物、海水淡化等新兴产业近年快速发展
淄博	化工产业、医药产业、新材料、机电产业、纺织服装产业
东营	通用设备制造、非金属矿物制品、医药制造业、石油和天然气开采业、石油加工及炼焦业、化学原料及化学制品制造业、纺织业、造纸及纸制品业、食品加工、橡胶制造业、电器机械及器材制造产业
烟台	机械制造（汽车、造船）、电子信息、食品加工和黄金四大支柱产业，辅以旅游产业、临港产业、服务业、海洋渔业和加工业
潍坊	汽车、机械装备、纺织服装、电子信息（光电子和电声器件）、海洋化工、石油化工、新型建材、生物医药、食品加工、造纸包装产业
威海	新材料产业、生物技术产业、装备制造业、电子信息产业、清洁能源及环保产业、石油化工产业
日照	钢铁、能源、机械制造、船舶修造、浆纸、食品加工、粮油加工、木制品加工、石油化工等临港产业体系

续表

城市	产业现状特征
泰安	能源及深加工、机械、精细加工、生物工程、非金属材料和旅游产业
德州	太阳能等新能源产业、机械装备制造、化工及医药、纺织服装、食品和生物工程、酿造产业
聊城	能源电力、有色金属、交通运输设备、纺织服装产业，以及农产品深加工和农副产品深加工产业
滨州	纺织产业、化工产业、交通运输机械（包括汽车、飞机、造船）及零部件、食品产业，及农产品深加工产业
济宁	装备制造业、新型能源化工、绿色食品工业、文化旅游和现代服务业、新一代电子信息产业、生物医药产业、新能源产业
临沂	化工产业、批发和零售业、电子信息产业、食品加工业、物流仓储业
菏泽	高端化工、生物医药、机电设备制造、新能源新材料、现代商贸物流、电子商务

资料来源：笔者整理。

第二节 山东半岛城市群新旧动能转换面临的环境条件

一 山东半岛城市群新旧动能转换面临的宏观环境

从国际环境来看，世界经济正处于大变革大调整之中，新一轮科技革命和产业革命孕育重大突破，新产业、新技术、新业态、新模式快速兴起，为我国发展提供了更加广阔的外部空间。但是，我们也要清晰地看到，世界经济增长低迷态势仍在延续，地区不安定因素加剧，"逆全球化"思潮和保护主义倾向抬头，我国发展面临欧美发达国家"再工业化"战略以及劳动密集型产业加快向低收入国家转移的双重"挤压"，新型冠状病毒的影响仍在持续，经济发展的不稳定、不确定因素明显增加。

从国内环境来看，我国经济发展进入新常态，速度变化、结构优化、动力转换成为阶段性新特征，需求结构升级和产业、区域发展分化态势更加明显。国家深入实施创新驱动发展战略，加快推进供给侧结构性改革，出台了一系列政策措施，为我国加快经济转型升级带来了机遇。但是，国内的结构性矛盾依然突出，创新能力不强，经济发展的内生动力不足，下行压力较大，新旧动能转换步伐较慢，特别是产业转型升级与农业转移人口素质不相适应的矛盾进一步凸显。

从山东省环境来看，全省"一群两心三圈"区域发展战略深入实施，区域经济发展呈现良好格局。富民强省战略深入推进，经济发展取得较大成效，城镇化发展水平和质量得到较快提升，社会事业建设步伐不断加快。但是，山东省经济发展还处于重要的转型期，新旧动能转换依然面临较大压力，区域之间的竞争正由土地、资本、劳动力等初级生产要素，向科技、人才、信息、制度环境等高级生产要素转变。

二 山东半岛城市群面临的主要问题与挑战

1. 产业结构偏重，产能过剩问题依然严峻

山东省传统产业所占比重大。与广东、浙江、江苏三省相比，其他三省产业结构更为优质，高质量制造业、现代服务业主引擎作用更为突出。山东省第一产业增加值占优，第二产业中以采矿业、传统制造业为主体，而广东、江苏两省第一大行业均为计算机通信制造业。山东省第二产业比重偏大，传统产业占工业比重为70%，重化工业比重占传统产业的70%。根据各工业行业比重对工业行业进行分类，山东省重工业中基础重工业占比重较大，而附加值较高的装备制造业则相对落后。山东大部分地区传统经济比重较高，以旧动能为主支撑的行业如煤炭、电解铝、平板玻璃等制造业增速收缩，利润下降，产能利用率仍有较大的提升空间。随着国内外市场需求增长放缓，这些行业主要商品价格和经营利润出现下滑，行业发展仍面临较大的困难。

2. 工业增长效率不高，资源环境约束日益趋紧

工业增长效率不高。工业增长效率以单位固定资产投资的新增工业增加值衡量。2010—2019年山东省工业部门的新增增加值与固

定资产投资额的比值基本呈下降态势。前几年，为应对金融危机，地方政府也为实现 GDP 增长目标，一些传统的重化工业产值和投资快速增长，重工业的发展需要大量的资本投入，产品供给弹性低，产能调整难以适应快速变化的市场需求。同时，由于资产的专用性较强，产业退出壁垒较高，也使这些行业产能过剩的问题日益突出，因此导致山东省资本产出效率下降。山东省主要污染物排放总量、能耗总量均居全国前列，资源环境约束日益趋紧。

3. 企业自主创新能力不高，创新人才匮乏瓶颈突出

企业自主创新能力不高，自主创新能力仍然有待提高。企业对研发机构的投入力度不够，人员和经费投入都偏低，在专利申请、授权数、有效发展专利、PCT 国际专利申请量、技术标准、成果转化、风险投资等方面与发达地区的差距还比较明显，仍以生产科技含量低、耗能高的低附加值产品为主。山东 R&D 经费占主营业务收入的比重虽呈上升趋势，但是与广东、江苏和浙江先进地区比较起来，研发经费投入强度明显不足，山东省工业企业研发投入强度明显偏低，发明专利申请和发明专利拥有量差距明显。

山东省掌握高尖端核心技术的企业匮乏，工业产品产量大，但利润微薄。主要原因是一些传统行业如冶金、石化、机电等行业虽然发展已经进入成熟期，但对原材料的深加工、资源的节能降耗技术等还有一定的提升空间，而这些关键技术的提升决定着这些行业的未来。制造业生产中的核心技术和关键部件多被国外垄断，无法形成完整的产业链和产业协同效应。山东省产业中高耗能、高污染的粗加工比重过大，高科技、高附加值的精深加工比例偏低，导致了规模以上工业企业利润率难以提高。

创新人才匮乏瓶颈突出。新经济发展更需要新的发展理念和知识、技术密集等特点。因此人才短缺更容易成为新经济发展的瓶颈。高层次科技领军人才对推动地区科技、产业发展具有重要意义。企业、行业和区域技术研发和产业化能力薄弱，主要是缺乏高层次科技领军人物，吸引省外国外高端人才、创业资本等创新资源

的意识和能力不足。驻鲁单位入选的两院院士、"千人计划"专家、享受国务院政府特殊津贴专家等高层次人才的数量明显低于江苏、浙江等省份。同时，移动互联网时代山东省"商业人物"不足。创新创业团队不仅需要具备技术开发优势的科研人员，还需要企业运营管理和有与资本市场对接能力的管理人才，不同类型人才的无缝对接直接关系到项目"创业、孵化、集群"成功率。

4. 新经济发展仍面临较多的体制机制障碍

对于新经济发展的认识不够，重视程度不足。长期过分重视要素驱动和投资驱动等传统发展方式，习惯于招商引资中的"拿来主义"；不重视培育创新、产业孵化等新型发展方式，对新经济的孕育和成长缺乏耐心和容错试错纠错机制，对促进新经济低成本、高效率、可持续发展考虑不够。习惯于传统管理方式，忽视企业不同生命周期——初创期、培育期、市场开拓期、成长期的特点与需求。政策监管和服务体系不健全。顺应新经济发展要求的监管制度和服务体系健全程度，直接影响着新经济体的可持续发展。部门各自为政，难以形成整体合力甚至相互掣肘，成为新经济发展的体制机制和政策障碍。如金融生态和社会信用体系等软环境对产业发展的影响时间久、程度深，且对发展新经济的影响要明显大于传统经济。因为新经济发展风险和不确定性高，特别需要资金的扶持、知识产权保护体系和诚信的法制环境。

第三节　山东半岛城市群新旧动能转换的任务表和施工图

一　山东半岛城市群新旧动能转换的内涵及目标定位

关于新旧动能的概念和内涵，黄少安（2017）认为旧动能主要依靠投资扩张或人力资源及其他自然资源投入，而新动能则源自改革开放、技术创新、产业升级或产业结构转换。张文（2017）、杨蕙馨（2018）从新旧动能转换的阶段性、重要程度及交替过程等方面分别界定了新、旧动能。王一鸣（2017）、魏敏（2018）、郑江淮（2018）研究了新旧动能转换的阶段性特征和评价测度。对于新动能和旧动能的理解，不能简单地以某项政策的实施或某个时间节点来划分，而应把新动能和旧动能看作一个相对的概念，在经济运行过程中，新旧动能往往彼此交融，相互作用；同时，新旧动能是一个长期的、不断演进的过程。新旧动能转换的目的在于实现经济高质量发展，提高全要素生产率，促进要素更加合理的配置，创新成为高质量发展的引擎，政府的服务效率和市场化水平而内生出来的制度性软环境不断优化即制度性软环境不断优化（白俊红，2015；赵若玺，2017；赵炳新，2018）。

山东新旧动能转换重大工程要深刻把握科技发展的方向，聚焦战略性新兴产业。以"四新"促"四化"。一是产业智慧化，强化新一代信息技术替代和渗透效应，推动生产活动和产品形态重构再造、代际升级，加快装备智能化、设计数字化、生产自动化、管理现代化、服务网络化，实现传统产业升级，促进"老树发新芽"；二是智慧产业，突出新兴产业培育壮大，"腾笼换鸟""换俊鸟靓鸟"，促进"无中生有""有中出新"。聚焦大数据、云计算、物联网、移动互联网、虚拟现实、人工智能等领域，推进智慧、技术、创意加速向现实生产力转化，培育一批百亿千亿级智慧产业；三是跨界融合化，强调适应三次产业之间、产业内部、行业之间的融合，培育挖掘新增长点，包括农业"新六产"、制造业和互联网融合，服务业与先进制造业融合，旅游业上下游产业融合，产城融合，军民融合，共享经济等行业领域交叉渗透、跨界发展；四是品牌高端化，实现品牌提升战略，持续壮大以技术、标准、品牌、质量、服务为核心的发展新优势，把山东省建成国内领先、国际知名的名牌产品、名牌企业和区域品牌聚集地。

二　山东半岛城市群新旧动能转化初见成效

2017年4月，山东启动实施新旧动能转换重大工程，进一步推动经济转型升级，2018年1月国务院正式批复了《山东新旧动能转换综合试验区建设总体方案》。山东明确提出"一年全面起势、三年初见成效、五年取得突破、十年塑成优势"的工作目标，提出了2022年新旧动能转换的具体指标，如表3-3所示。山东聚焦"十强"产业和"放管服"、高层次人才、重大基础设施三大支撑，建立10+3推进体系。针对"十强"产业，逐一构建"6个1"的推进体系，即1名省级领导牵头，1个专班推进，1个规划引领，1个智库支持，1个联盟（协会）助力，1支（或以上）基金保障。山东陆续出台了"支持实体经济45条""扩内需补短板促发展42条""支持民营经济35条"等政策，进一步完善政策体系，集中释放财税、金融、土地等制度红利。

表3-3　　　　　　　　新旧动能转换主要指标

指标	单位	2017年	2022年
（一）质量效益类			
1. 新经济占比	%	22.6	30
2. 全员劳动生产率	万元	10.7左右	14.0左右
3. 一般公共预算收入占GDP比重	%	8.4	10.0左右
4. 战略性新兴产业增加值占GDP比重	%	10.2	16.0左右
5. 现代服务业增加值占GDP比重	%	23.0	27.0左右
6. 工业信息化融合指数	—	97.4	108.7
7. 进入中国最具价值品牌100强企业数量	个	9.0	12.0
（二）创新发展类			
8. 研发投入占生产总值比重	%	2.35左右	2.7左右
9. 科技进步贡献率	%	57.8	62.0
10. 高新技术企业数量	家	6300以上	1万以上
11. 每万人拥有研发人员	人	50左右	65.0
12. PCT国际专利申请量	件	1353	1700

续表

指标	单位	2017年	2022年
13. "互联网+"指数	—	10.49	20
14. 人均信息消费	元	2100	4800
（三）对外开放类			
15. 经济外向度	%	23.0	25.0
16. 高新技术产业出口占比	%	10.8	20.0
17. 对"一带一路"沿线国家和地区出口占全国比重	%	6.6	10.0
（四）环保及民生类			
18. 万元生产总值能耗降低	%	—	12.5
19. 可吸入颗粒物（PM2.5）浓度降低	%	—	26.0

资料来源：《山东新旧动能转换重大工程实施规划》。

山东是工业大省和制造业大省，基础雄厚，是全国唯一拥有联合国所分41个产业分类全部工业大类的省份。但全而不强的特点比较突出，许多大类的产业链不完善，缺乏链主企业，对制造业的高端环节缺乏控制力，没有掌握核心技术。同时，产业布局相对分散，"山多峰少"，"灌木丛"比较多，缺少"参天大树"和"大森林"。山东聚焦关键领域，培育一批链主型企业，带动相关配套企业，打造一批先进制造业基地，培育优良的产业生态。2019年度与2020年度山东分别选出了60家、45家"十强"产业集群领军企业进行重点培养。这些集群内产业链条相对完整，龙头、骨干企业与配套企业形成相互联结共生体，其中规模以上企业户数不少于30家，当年新增配套企业占比达到10%以上。集群具有一定规模，年营业收入一般不低于200亿元；骨干企业支撑带动能力强，营业收入占产业集群营业收入比重不低于50%。这些企业一般对当年地方财政贡献超过3亿元，年增长率达到10%以上，并且拥有省级以上科技创新平台，科技研发经费占销售收入不低于3%，产业集群领军企业都拥有省级以上品牌。2020年45家"十强"产业集群见表3-4。

表3-4　　山东省"十强"产业"雁阵形"集群库入库产业集群名单（第一批）

序号	产业集群名称	所属产业
1	青岛市智能家电先进制造业集群	新一代信息技术
2	济南市面向多行业的"1+N+N"大数据生态产业集群	新一代信息技术
3	潍坊市声学光电产业集群	新一代信息技术
4	威海市新一代信息技术产业集群	新一代信息技术
5	枣庄市鲁南大数据产业集群	新一代信息技术
6	潍坊市高端动力装备产业集群	高端装备
7	青岛市轨道交通装备产业集群	高端装备
8	济南市电力装备产业集群	高端装备
9	临沂市临沂经济开发区工程机械产业集群	高端装备
10	东营市东营区高端石油装备产业集群	高端装备
11	聊城市新能源汽车产业集群	新能源
12	泰安市新能源产业集群	新能源
13	德州市新能源装备及应用产业集群	新能源
14	济宁市新能源产业集群	新能源
15	烟台市新材料产业集群	新材料
16	淄博市氟硅新材料产业集群	新材料
17	滨州市高端铝材料产业集群	新材料
18	泰安市建材新材料产业集群	新材料
19	日照市先进钢铁制造产业集群	新材料
20	青岛市海洋交通运输产业集群	现代海洋
21	烟台市海洋牧场产业集群	现代海洋
22	威海市海洋生物与健康食品产业集群	现代海洋
23	济南市生物医药产业集群	医养健康
24	青岛市医药康养产业集群	医养健康
25	烟台市医药健康产业集群	医养健康
26	威海市新医药与医疗器械产业集群	医养健康

续表

序号	产业集群名称	所属产业
27	临沂市医药产业集群	医养健康
28	菏泽市高新区大健康产业集群	医养健康
29	烟台市高端化工产业集群	高端化工
30	淄博市高端精细化工产业集群	高端化工
31	临沂市临沭县新型肥料产业集群	高端化工
32	菏泽市东明县高端化工产业集群	高端化工
33	潍坊市"诸城模式"现代高效畜牧业产业集群	现代高效农业
34	菏泽市定陶区食品深加工产业集群	现代高效农业
35	寿光市品质蔬菜产业集群	现代高效农业
36	滨州市粮食产业集群	现代高效农业
37	青岛市影视文化产业集群	文化创意
38	淄博市陶琉文化创意产业集群	文化创意
39	潍坊市黄金珠宝文化创意产业集群	文化创意
40	济南市精品旅游产业集群	精品旅游
41	青岛市现代海洋旅游产业集群	精品旅游
42	济宁市精品旅游（研学旅游）产业集群	精品旅游
43	泰安市旅游产业集群	精品旅游
44	济南市产业金融集聚区产业集群	现代金融服务
45	青岛市财富管理金融产业集群	现代金融服务

资料来源：山东省新旧动能转换综合试验区建设办公室：《关于公布省"十强"产业"雁阵形"集群名单的通知》。

经过三年脚踏实地的发展，山东经济结构显著优化，高新技术产业产值占工业总产值的比重三年提高 6.3 个百分点，高新技术企业数量三年翻了一番多，达到 1.1 万家。2020 年年末，山东"四新"经济占 GDP 比重超过 30%，比 2017 年大幅提高 8.3 个百分点。"十强"产业迅速壮大。新一代信息制造业、新能源新材料产业、高端装备产业、高端化工产业增加值分别增长 14.5%、19.6%、9.0% 和 9.5%。山东谋划推出 326 个省重大项目、500 个新旧动能转换第一批优选项目和 200 个"双招双引"重点签约项目。山东自贸试验区吸引注册企业 2.2 万家；实施"一带一路"重大对外合作项目 153 个，完成投资 1100 亿元。

第四节 山东半岛城市群新旧动能转化提升路径

一 形成国内国际双循环相互促进的新发展格局

1. 落实国家"两新一重"战略，促进投资平稳增长

加强新型基础设施建设。"新基建"是立足于科技端的基础设施建设，科技含量高，附加值高，是未来经济发展的支撑和短板。为 5G、大数据、人工智能、云计算、物联网、区块链等数字经济提供硬件和配套设施。在城市中发展新能源充电桩、新材料的配套应用设施，对现有的城市设施进行数字化和智能化改造，打造智慧城市、智慧交通、智慧建筑、智慧医疗等，将城市管理和服务纳入同一数据网络中，提升了城市运行效率和服务能力。"新基建"是"十四五"时期重要的投资市场和经济拉动增长点，山东应利用工业互联网优势，依托海尔卡奥斯工业互联网平台（COSMOPlat）、浪潮云洲工业互联网平台等为传统产业加速流程再造和数字赋能。

提升新型城镇化建设水平。推进以人为核心的新型城镇化，是内需最大潜力所在。完善"居住证+基本公共服务和户籍改革"的农民工市民化二维路径，全面提高人口城镇化质量和农民工市民化的水平。优化城镇公共设施规划和配置，加强城市短板领域建设，着力加强公共卫生体系和基础设施建设，提高城市应对重大疫病和重大灾害的综合防御能力。利用数字经济发展机遇，推动城镇智慧升级，提高城镇治理和公共服务的精准化、智慧化、科学化水平。促进山东城镇规模结构合理布局，协调核心城市和中小城镇人口、产业、要素等资源合理流动和有效配置。

加大交通、水利等重大项目的建设。交通工程项目发挥着体量大、投资大的优势，成为拉动经济增长的强劲动能。交通基础设施项目建设可以有效带动投资，对冶金、机械、建筑、电力、信息、精密仪器等行业都有很强的拉动作用。相较于其他省份，近些年山东省的道路交通发展已相对滞后，要进一步完善交通运输体系，尽快补齐地区交通基础设施不发达的短板，加速人流、物流、资金流、信息流的流动，为"十四五"时期经济发展的提质增效提供支撑。

2. 加快消费领域改革，促进消费转型升级

破除体制机制障碍，释放服务消费潜力。优化配套制度保障，稳步提升居民可支配收入。完善住房、医疗、教育、养老保障体系，改善居民消费预期，让消费者更敢于消费。进一步提高居民收入，关注和发挥中等收入群体的消费主力军作用。稳步增加农村居民收入，提升农村居民消费能力，提高其消费能力和意愿。加快消费领域改革，消除抑制扩大消费和内需的制度短板，加快服务消费领域法律法规、标准体系、诚信体系、监管体系建设，特别是在金融、教育、医疗、文化、通信交通等重要服务领域，加快推进准入和监管改革。坚持包容审慎原则，对新业态新模式新技术等新服务发展引入新的监管方式、手段和理念。全面提升服务质量，提升服务消费水平。切实提高文化娱乐、旅游、体育、健康、养老、家政、交通通信、教育培训等服务消费水平。

深挖数字经济潜力，促进消费转型升级。持续加快数字技术研发和实体经济数字化转型，开拓数字经济想象空间和应用场景，让更多人在数字化浪潮中享受发展红利，不断满足人民群众日益增长的美好生活需要。拓宽延伸消费范围，激活消费热力，让健康消费、文化消费、个性消费引领消费新时尚。进一步扩大居民消费，释放消费潜力。

3. 稳住外贸外资基本盘，着力构建全面开放新高地

积极利用外贸外资，补齐产业发展的短板（Durham，2004；

Butler，2011；曲韵，2019）。"十四五"时期，是山东新旧动能转换的攻坚期，要扩大关键技术、关键设备、关键零部件和能源资源产品的进口，满足产业发展和产业升级的需要。建立科学的引资质量评价体系，注重引资项目的产业嵌入度评价，提高引资项目与产业升级目标的契合度，使引资项目更能契合产业升级目标和动能转换目标。支持外贸企业增强抗风险能力，运用出口信用保险降低出运前订单被取消的风险。推广"信保+担保"，为外贸企业融资提供增信支持。

优化货物贸易结构，提升服务贸易水平。优化出口商品结构，提升山东产业在全球价值链分工中的地位，促进山东出口商品结构优化。创新加工贸易模式，促进加工贸易向品牌、研发、分拨和结算中心等产业链延长。引导企业加大创新力度，培育自主出口品牌，推广国际标准和国际认证，支持企业对标和接轨国际通行的质量管理体系和行业认证。创新外贸发展模式，支持发展跨境电商、海外仓、外贸综合服务企业等新业态，扩大市场采购贸易方式试点，带动中小微企业出口。服务贸易在国际分工中的地位日益重要，山东应在进一步做大做强运输、旅游、建筑、加工服务四大传统优势产业的同时，加快发展计算机与信息服务、金融保险、文化贸易、中介服务等服务贸易。扶持和引导一批服务贸易龙头企业，支持贸易服务企业创立服务品牌，提高"山东服务"的知名度和美誉度。

利用战略叠加机遇，着力构建全面开放新格局。深度融入"一带一路"平台，加强与"一带一路"沿线国家，特别是东盟各国的贸易合作。通过与沿线国家的项目建设、产业对接和贸易合作，建立部分以山东企业为主导的产业布局和价值链，在"一带一路"沿线国家和地区布局一批各类境外园区。建设中国（山东）自贸区，积极争取自贸试验区更大改革自主权，在更广领域和更高层次探索改革和开放的新模式。建设国际地方经贸合作示范区，高标准建设上合组织地方经贸合作示范区、中韩自贸区地方经济合作示范区、中韩（烟台）产业园区等。提升山东"双招双引"水平，聚焦世界500强等开展精细化招商。放大山东儒商大会、上合组织青岛峰会、青岛国际进出口商品博览会等国际峰会宣传推介效应，做好重点项目合作意向的跟踪和落实工作。

二 促进要素市场化改革，提高资源配置效率

《中国中央国务院关于构建更加完善的要素市场化配置体制机制的意见》明确提出通过创新要素市场化配置体制机制，持续推动生产关系的改进，进一步释放潜在的生产力，为推动高质量发展和建设现代化经济体系打下坚实基础。山东要素市场化配置水平明显改善，但仍存在一些短板和薄弱环节，亟须采取更多改革的办法健全现代产权制度和建设高标准市场体系。

1. 健全所有权清晰，权责明确，流转顺畅的现代产权制度

首先，产权激励是市场经济最强大的动力源。"有恒产者有恒心"，要明晰产权的归属、控制、风险和收益，是市场主体能够服从市场调节的根本原因。市场配置资源涉及资本、劳动力、土地、技术、管理等要素的组合，实现市场所配置的资源最有效率的组合取决于各种要素投入的组合给所有者带来的收益。其次，使各类市场主体平等使用生产要素，依靠市场优胜劣汰法则组织生产经营活动。过剩产能、落后产能、污染产能通过市场出清为"腾笼换鸟"腾出发展的空间和资源。山东国有企业占比高，要加快混合所有制改革，推进国有企业市场监督改革，特别要强化国有企业财务硬约束、削减和规范补贴。在企业资产重组中，无论是国有企业还是民营企业，由市场决定谁是兼并重组的主体。山东是农业大省，在实施乡村振兴战略中要深化农村土地制度和集体产权制度革新。落实好承包地"三权分置"制度，扩大宅基地"三权分置"试点，推动集体经营性建设用地入市改革，农村金融体制改革与集体产权制度改革的集成联动。通过赋权实现赋能，充分释放农村集体产权制度改革的红利。

2. 建设高标准市场体系，逐步健全相关制度改革

市场体系是要素市场配置的载体和平台（Freeman，2002；Carlino，2001；Black，2005；Machin，2010）。首先，要规范金融市场。经济是肌体，金融是血液；金融活，经济就活。大力发展多层次的资本市场，给投资者提供多元的投资场所；规范金融市场的运行，增强其服务实体经济的能力，防止系统性金融风险。建立促进要素市场化配置的基金，如风投基金、产业基金、并购资金等。在创新驱动阶段，人才是首要生产力。其次，要进一步提高科技人才市场和企业家市场的活跃度。再次，发展技术交易市场。强化技术市场知识产权的保护和运营，激发科技工作者干事创业。活跃技术市场和中介，充分利用互联网平台，为新技术的供给和需求牵线搭桥，促进科技创新成果和新技术迅速转化为现实的生产力。最后，加大大数据的市场分享。进入数字经济时代，大数据成为新的重要发展要素，其市场建设才刚起步，要尽快建设和完善大数据市场，打通数据壁垒，加速数据集成，实现数据的有偿共享和互联互动。

3. 营造透明的营商环境，激发创造创新活力

营商环境是基础性经济制度、法律制度、民商事制度等综合作用的产物，是市场吸引力的表现载体和决定市场主体成败的关键因素之一。好的营商环境对生产者、消费者、投资者、筹资者、流通者、专业服务主体等形成正向激励，激发创造创新活力，是实现经济行稳致远、社会安定和谐的重要支撑力量。只有完善的法律制度，才能建立公平、透明和可预期的营商环境。使各类市场主体平等使用生产要素。建设标准透明、程序透明和路径透明的营商环境，依据法律和法规进行审批，简化审批流程，实行网上办理，实行"最多跑一次"政务工程。让市场主体感觉到过程可预期、结果可预期。

用深化改革的办法优化营商环境，将"放管服"改革作为推进供给侧结构性改革、加快新旧动能转换的重要举措，把精简存量作为改革的首要任务，以行政审批事项为重点，进一步提高依法行政质量和效率，加大简政放权力度。持续提高投资建设便利度，优化再造投资项目审批流程，降低市场准入门槛。提升涉企服务质量和效率，推进企业开展经营便利化。

三 与国家重大战略对接，积极拓展发展新空间

加快海洋强省建设。山东最大的优势在海洋，未来引领发展的高地仍是海洋。"十四五"时期是山东海洋强省建设的关键时期，要深入落实《山东海洋强省建设行动方案》中建设世界一流的海港、完善的现代海洋体系、绿色可持续的海洋生态环境等重点任务。创新海洋规划，建立陆海一体国土空间规划体系，引导临海经济向海上、远洋经济发展。依托国家级海洋科技创新载体，实施"蓝色粮仓""健康海洋""透明海洋"等重大海洋科技创新工程，加快提升山东海洋关键领域技术创新能力。实施海洋环境智慧监测，加快海洋生态文明示范区建设。

加快融入"一带一路"建设，积极对接京津冀协同发展和长江经济带发展战略。山东要利用欧亚班列，积极开展企业与沿线国家和地区的贸易往来，促进政策沟通、贸易畅通和资金融通。要发挥京津冀的科技高地作用，努力建成京津冀科研成果的转化基地。要充分利用长江经济带沿江的资源和市场优势，与长三角、珠三角等发达地区建立合作机制，激发山东省更多新的经济增长点，开创山东省全面对外开放新格局。用好区域全面经济伙伴关系协定（RCEP），抓住 RCEP 签署机遇，全面加强与协定成员国的经贸往来，在科技创新、服务业开放、数字经济、科技金融等领域开展更深层次、更宽维度的合作，努力在全球最大自贸区建设中抢占先机。

推动黄河流域生态保护和高质量发展。2019 年 9 月，习近平总书记在"黄河流域生态保护与高质量发展座谈会"上的讲话提出将黄河流域发展上升为重大的国家战略。黄河流域发展长期存在国土空间开发失调，流域分工体系不清晰，地区增长极动力不足等问

题。山东经济体量大,产业结构相对合理,科技创新能力较强。要充分发挥山东在推动黄河流域生态保护和高质量发展战略中的引领作用,主动对接西部腹地,发挥沿黄九省各自产业优势,形成合理的产业分工和资源优势,构建富有黄河特色的高效生态产业体系;同时,突出山东青岛、烟台、日照沿海港群国际贸易物流综合枢纽优势,构建联通东北亚的国际化海陆交通枢纽。

利用平台叠加机遇,打造国家级中心城市。要充分发挥新旧动能转换综合试验区、中国(山东)自由贸易试验区、中国—上海合作组织地方经贸合作示范区"三区"叠加效应,利用政策红利,抢抓战略机遇,发挥山东制造业优势,加快培养"十强"产业,实现产业建链、延链、补链、强链力度,加快筑优产业生态。以济南和青岛为核心,高水平打造济南省会经济圈和胶东半岛经济圈,把济南和青岛打造成为国家级中心城市。进一步提升国家级新区、高新技术开发区、经济技术开发区和保税区等各类产业园区的要素产出水平,加快产业集聚、技术创新和转型升级,实现产业园区集约高效发展。

第四章　绿色发展理念下开发区用地效率

开发区是现代工业的聚集中心，是拉动经济的重要增长极。但随着工业化和城镇化进程的加快，开发区土地利用中占地总量失控、用地结构失衡、土地利用粗放等现象突出，面临资源、能源及环境等诸多挑战。因此，本章从绿色发展、低碳发展和循环发展的视角，分析山东半岛城市群开发区用地效率的问题并探寻其优化调控路径。本章介绍了开发区用地效率的基础理论、内涵、组成要素、动态演化特征、影响因素等内容。构建了开发区用地效率评价体系，采取典型企业调查方法进行研究，选取某开发区典型企业进行土地集约利用评价分析，进而提出了绿色发展理念下开发区用地效率提升路径。

第一节　绿色发展理念下开发区用地效率基础理论

开发区用地效率研究涉及地理学、社会学、生态学、经济学、规划学等相互交叉渗透而形成的重点理论和实践研究领域。基础理论涉及土地优化配置理论、精明增长理论、人地关系地域系统等内容。

一　土地资源优化配置理论

土地利用配置是为了达到一定的经济和生态最优目标，依据土地的本底特性和土地系统原理，借助一定的科学技术和手段，对区域有限的土地资源的利用结构、方向,在宏观尺度和微观尺度上分层次进行安排、设计、组合和布局,以提高土地利用效率和效益,维持土地生态系统的相对平衡性,实现土地资源的可持续利用。土地利用优化配置是针对土地资源经济供给的稀缺性及土地利用过程中的不合理性而提出来的,包括时间、空间、用途、数量和效益五个要素,通过合理的配置,最终实现土地利用的永续性,空间布局的合理性,土地用途的均衡性,土地使用量的适度性和土地效益的最大化(邓祥征,2009)。由此可见,土地作为一种资源,其优化配置是区域多种土地利用类型的合理分配及在国民经济各部门间的高效组合;作为一种资产,是土地产权在不同财产行为主体之间的优化分配;作为一种生产要素,是微观层面上与劳动力、资本、技术等生产要素的最优配比投入。

二 精明增长理论

精明增长理论(Smart Growth Policy)是政府针对城市管治提出的一种策略,是在美国城市中心区衰退,城市郊区化背景下提出的、与"城市蔓延"(Urban Sprawl)相对的概念,包括经济社会、城市发展规划、城市空间等各个方面(马强,2004)。精明增长与高密度集约开发的概念相似,但更多强调的是以政府为主导进行管治。梁鹤年(2005)认为精明增长理论是指城乡政府在基础设施和开发管理的决策中,以最低的政府投资份额而得到最高的土地开发收益(最多的房地产税)。应在原有基础设施的基础上,特别是公共交通道路和管道设施等,对土地进行"最高用途"的开发,避免飞地式开发带来的交通、通信、管道等基础设施投入过大的问题。精明增长理念的核心是对城市发展的三个关键变量空间结构、用地模式和交通体系的综合考虑。通过研究各国在快速城镇化发展过程中出现的问题,切实提出了精明增长的对策。认为目前中国城镇化发展过于分散,中国政府对工业用地的热衷程度要高于住宅用地,导致近郊城市的发展和房价的高涨,应注重内涵式发展,强调应注重内部挖潜和增加住宅用地的供给。

三　人地关系地域系统理论

人地关系地域系统在空间上具有一定的地域范围，同时是一个巨大系统，具有耗散性和混沌性，它并非与周围隔绝，而是一个开放的、运动的、有交换的系统。人地之间的关系表现在人对地具有依赖性，地是人类生存的物质基础并提供一定的空间。人口增长速度过快而导致物质资料需求急剧上升，引发灾荒、资源紧张，同时，污染问题日益加剧，大量的二氧化碳气体排放引起全球气候变暖等问题（Saboori，2013）。与此相反，一些学者认为技术的进步会寻找到新的替代性能源解决能源危机问题，技术的进步会带来生产力的进一步提高以解决人口增长对物质的不断需求。在人地关系中，人类活动和资源环境之间存在多种直接反馈作用，主要表现在自然资源对人类活动具有一定的促进和限制作用；而人类通过对自然灾害的治理，科学地改造自然环境，实现土地资源的产出。人地系统研究要加强对系统要素的研究，要注意水、土地、空气、能源、矿产等资源与人类活动相互作用与系统状态演化过程的关系研究（陆大道，2002）。

地域分异是指地球表层自然、经济、人文景观的地区差异性，具有不同的空间尺度与等级层次性，地球表面的地域分异主要呈现纬度地带性、垂直地带性和非地带性规律（刘纪远，2009；Deng，2012）。空间结构是人类经济活动作用于一定地域范围所形成的组织形式，反映了区域经济系统中各个系统、各个要素之间的空间组织关系，包括诸要素在空间中的相互位置、相互关联、相互作用、集聚程度和集聚规模以及地区的相对平衡关系（刘彦随，2002；Long，2012）。空间结构的分布形态主要分为空间梯度分布、空间等级分布、空间梯度等级分布3种形态。

第二节 绿色发展理念下开发区用地效率研究综述

开发区用地效率研究是一个综合性和复杂性的难题。对开发区用地效率进行深入研究的前提是了解国内外相关研究的最新进展，熟悉开发区用地效率研究发展和变化的过程，把握其中的规律性。分别从开发区用地效率驱动力、开发区用地效率指标体系、开发区用地效率评价方法、开发区用地效率提升路径四个方面进行研究综述。

一 开发区用地效率驱动力研究进展

在宏观尺度上，经济发展水平、产业结构、市场交易机制、国家宏观管控、人口和城镇化、自然条件和地基承载力及区位与交通条件等都对开发区土地利用有重要影响（史进，2013；卞兴云，2009；朱红梅，2008）。在微观尺度上，开发区作为独特的空间单元，区位对工业地价的影响明显，产业政策、产业结构和用地结构是影响用地效率的主要因素（孙明芳，2010；刘海燕，2008；邵晓梅，2008）。有研究从开发区和区域两个层次来考察影响开发区用地效率的因素（赵小风，2012）。有研究认为开发区土地闲置的重要因素主要包括规划控制、区位不理想、经济实力欠佳、开发效益较低、技术支撑力量不够（何书金，2001）。有学者认为山东省级开发区存在土地利用强度较弱，容积率、建筑密度不高和投入产出效益不理想等问题（王成新，2014）。有学者认为开发区存在土地利用粗放、引资质量不高、空间开发秩序混乱、环境风险突出等问题，地方利益驱动和规划管控不力是开发区管理混乱的主要原因（耿海清，2013）。

二 开发区用地效率指标体系研究进展

指标体系的构建是进行开发区用地效率评价的关键。现有研究主要从四个方面选取指标。一是土地利用结构指标。如土地供应率、土地建成率、工业用地率等;二是土地利用强度指标,如综合容积率、建筑密度、工业用地综合容积率、工业用地建筑系数等;三是土地利用效益,包括地均工业产值、地均上缴利税、地均销售额、地均吸纳就业人数;四是土地管理绩效,如土地闲置率(张落成,2012;魏宁宁,2017)。2014 年《开发区土地集约利用评价规程》公布,对开发区用地评价进行了规范。2011 年《国家生态工业示范园区管理办法》出台,包含经济发展、产业共生、资源节约、环境保护和信息公开 5 个一级指标和 32 个二级指标。有学者从要素、结构、管理、绩效四个部分提出生态工业园综合指标体系;有学者选取单位工业用地增加值、单位工业增加值能耗等 8 个指标对开发区的环境绩效运行进行测度(赖玢洁,2014);有学者基于主成分分析和集对分析对工业生态园区的绩效进行评价(宋叙言,2015)。在应用中并不是指标越多越好,而是应根据研究目的科学选择测度指标。

三 开发区用地效率评价方法研究进展

构建指标方面,由于关注的视角不同,研究框架的设计有所不同。比较典型的有"土地投入+土地产出+土地承载"三维评价模型(Li,2014);"经济+效益+效率+公平"的 4E 评价框架(吴一洲等,2010;潘竟虎等,2011);"结构+效益+效率+管理"的四维评价体系(张荣天,2014),"土地利用效益+土地利用效率+创新能力"评价模型(班茂盛等,2008),"集约度+利用程度+效率+效益"评价框架(Xiao Yi 等,2011;陈士银,2009)。研究方法方面主要包括层次分析、模糊积分、物元模型、数据包络 DEA 分析、BP 人工神经网络、云模型等。有学者构建层次分析法对山东省级开发区进行评价(王成新,2014)。物元方法在处理用精确的数学方法描述的复杂系统方面表现出了独特的优越性,有学者采用物元分析法与多因素综合评价法对南京市开发区用地效率水平进行评价对比分析(魏宁宁,2017)。有学者基于抽象调查资料,对开发区不同行业的用地效率状况进行了定量评价（张落成，2012）。SBM 非期望产出模型是在 DEA 模型的基础上，将非期望产出也考虑进去，有学者利用 SBM 模型对全国城市土地利用效率空间格局进行了探讨（梁流涛，2019）。不同评价方法在处理分析问题上各有利弊，评价者应根据评价目的选择适宜的方法。

四　开发区用地效率提升路径研究进展

推动开发区绿色发展和土地集约利用的主体主要是政府、市场和企业三个方面。政府在推动开发区土地利用和循环经济中发挥着重要的领导作用，企业是最重要的实施者，资源能源循环利用和土地资源集约都应当符合市场经济的规律。实践层面可分为微观层面、产业集群层面和园区层面。企业对提升园区环境绩效尤为重要，一方面通过开发应用高新技术提高资源利用效率，另一方面将环境管理体系如 ISO14001 认证、绿色供应链管理等贯穿到日常生产管理中。依托建立"园中园"的产业集聚模式对推动区域经济发展、提高园区竞争力有重要作用。园区层面的重点在于完善市政道路、自来水、污水处理等基础设施（田金平，2016；周凤秀，2019）。

在已有土地用地效率评价中，从绿色发展视角对开发区土地利用进行科学分析的研究较少，且多以宏观分析为主。受管理权限和决策水平的限制，开发区国土管理部门虽然通过评价成果认识到区内土地集约利用程度不高，但对土地利用效率提升要素不明确，也难以制定出科学有效的开发区土地管理政策。因此，本书从实地调研出发，从绿色发展的视角，以半岛城市群为研究区，深入分析开发区用地效率问题及原因，进而为制定科学有效的开发区土地管理和绿色发展政策提供依据。

第三节　绿色发展理念下开发区用地效率机理分析

开发区用地效率涵盖开发区用地效率的基础理论、内涵、组成要素、动态演化特征、影响因素等内容。开发区用地效率主要体现在经济效益和土地资源的优化配置方面。资本、劳动力、土地的投入和产出的比值可以反映开发区的土地效率水平。开发区可以更好地发挥集聚效应，具有降低基础设施投资，降低交易成本和提升技术和知识溢出优势，推动科技创新，促进排污减排。绿色发展理念下开发区用地效率评价需要综合自然环境和人文要素，既要体现土地、资本和产业的优化配置，也要结合自然本底条件的综合性特征。全面认识绿色发展理念下开发区用地效率机理是进行用地效率评价的关键问题。

一　开发区土地集约利用的基本内涵

土地利用优化配置的提出是针对土地资源经济供给的稀缺性及土地利用过程中的不合理性而提出来的，包括时间、空间、用途、数量和效益五个要素，通过合理的配置，最终实现土地利用的永续性，空间布局的合理性，土地用途的均衡性，土地使用量的适度性和土地效益的最大化。不同学者曾尝试对土地集约利用的内涵进行界定，但目前没形成明确和统一的概念。在总结现有研究成果的基础上，本书认为土地集约利用是通过对土地进行科学规划和优化配置，以较小的投资和最小的资源消耗，取得最大的土地产出和收益。开发区土地集约程度评价主要从四个方面选取指标。一是土地利用结构指标，如土地供应率、土地建成率、工业用地率等；二是土地利用强度指标，如综合容积率、建筑密度、工业用地综合容积率、工业用地建筑系数等；三是土地利用效益，包括地均工业产值、地均上缴利税、地均销售额、地均吸纳就业人数；四是土地管理绩效，如土地闲置率。2014年《开发区土地集约利用评价规程》发布，对开发区用地评价进行了规范。

二　开发区用地效率的影响因素

深入研究开发区用地效率的各种驱动力，有助于加深对土地集约利用的原因、内部机理和基本过程的理解，实现对未来变化发展的趋势预测和调控，据此制定相关政策。

（一）土地价格

土地价格是影响用地效率的重要因素。土地具有多功能性和多项用途，必须测算其处于最佳利用方向的土地收益。从用地本身来看，如果土地取得的成本高于建筑容积率所需要的费用，用地单位便会提高建筑容积率来规避重新取得高成本土地，从而提高用地效率。反之，如果土地价格过低将导致建设用地空间外向型扩展，而非主动实现内部挖潜和节约高效利用。在一个市场机制健全的土地市场环境中，土地价格是极为重要的指标。按照阿朗索的竞租理论来看，某一特定区域总有一种土地用途是土地利用最为有效的利用方式，也是效率最高的利用方式。

（二）科技进步水平

科技进步水平对用地效率的影响主要体现在两个方面，一方面，用地效率水平是随着科技的发展而动态变化的，过去某一特定时代的所谓用地效率高在目前看来可能是粗放的；另一方面，科技进步将赋予人们更大的能力对过去利用程度较低的空间进行改造，使用地效率得到提升。例如，随着建筑技术的发展，人们已经开始逐步利用地上及地下空间等三维空间，极大地提升了用地效率；大容量快速公共交通方式（地铁、轻轨等）的出现有利于城乡人口流动和城乡互动发展，有利于区域中心土地利用强度的提高。

（三）土地市场和土地交易制度

土地市场的发育程度是影响建设用地利用质量的重要因素之一，土地市场依托其宏观调控能力，为产业结构调整提高杠杆，优化产业结构，通过产业结构与用地结构双向优化调控途径实现用地效率的提高。不同的土地市场发育阶段，土地资源配置效率差异很大。完善的市场价格机制能充分显示土地价值，实现土地资源的帕累托最优。通过"招拍挂"等土地有偿出让方式，调动市场竞争因素，使土地价格接近于土地真实价格（曲福田，2007）。土地管理制度等政策措施是政府宏观控制土地集约利用程度的重要举措，通过制定相关的规划制度、土地用途管制制度、建设用地审批制度和农用地保护制度等方面，在一定程度上激励使用者集约利用土地。

（四）规划管制与宏观调控政策

规划和宏观调控政策是来自行政机制的驱动因素，"政府的手"对用地效率具有极为重要的影响。用地效率深受国家政策和制度的影响和制约，国土空间规划、土地利用规划、城市规划等在宏观上指明了未来城市的发展方向，促进区域用地效率的提升。土地政策、金融政策、税收政策等干预土地供给者和土地利用者的行为，如明确规定建筑密度、容积率、亩均产值等硬性指标，对基本农田的严格保护等措施均促使用地效率内涵的挖潜，进而促进用地效率的提升。

而在某些区域，中国的国土空间利用发展往往取决于地方长官的意志，为了片面追求政绩，某些地方不惜牺牲资源环境，"比洋气、比大、比规格、比花费"成风，造成了土地和资金的严重浪费。各地的新区、新城建设更是以满足发展需求和转型发展为幌子变相圈地。在用地效率粗放发展的背后，这种极不健康的用地观念和用地模式可能比其他因素更为重要。

第四节 绿色发展理念下山东半岛城市群开发区用地效率评价

一 山东半岛城市群开发区基本情况

开发区是现代工业的聚集中心，是拉动经济的重要增长极。但随着工业化和城镇化进程的加快，开发区土地利用中占地总量失控、用地结构失衡、土地利用粗放等现象突出。为促进开发区土地节约集约利用，原国土资源部决定对全国开发区土地集约利用土地利用结构、土地利用强度、土地利用效益、土地管理绩效等进行评价，并对评价结果情况进行通报。2018年自然资源部印发了《关于健全建设用地"增存挂钩"机制的通知》和《关于批而未供土地处置有关问题的通知》。山东省也相继出台了《山东省建设用地控制标准（2019年版）》《关于进一步加强批而未供和闲置土地处置工作的意见》《关于统筹推进生态环境保护与经济高质量发展的意见》。本书基于《2018年度国家级开发区土地集约利用评价情况通报》，对山东半岛城市群16地市开发区土地集约情况进行分析。根据《中国开发区审核公告目录》（2018年版），2018年山东半岛城市群共有开发区（含高新技术开发区）173家，其中国家级开发区37家，省级开发区146家（见附录）。根据不同的历史基础和发展条件，各经济开发区均具有不同的产业类型和发展定位。根据我国自然资源部《2018年度国家级开发区土地集约利用评价情况通报》，在参评的410个工业主导型开发区和110个产城融合型开发区中，山东涉及的工业主导型的国家级新区的排名并不乐观，其中，排名前三位的国家级开发区分别是邹平经济技术开发区（排名为85）、烟台经济技术开发区（排名为99）、德州经济技术开发区（排名为100）。产城融合型开发区的排名中，济南高新技术产业开发区位列第18名，排名较2017年有所提升。其次是聊城经济技术开发区位列第41名，潍坊高新技术产业开发区位列第58名。总体来看，山东开发区土地利用强度和投入产出绩效不高，开发区土地供应率、土地建成率、产出强度和综合容积率均较低是导致集约度较低的主要原因。

二　山东半岛城市群开发区用地效率评价模型构建

根据《开发区土地集约利用评价规程》确定的开发区土地集约利用评价指标体系，参照《工业项目建设用地控制指标（2008年版)》(国土资发〔2008〕24号)和《山东省建设用地控制标准(2019年版)》(鲁政办发〔2018〕39号)确定的指标阈值,按照可比、可量、可获和可行的原则,对开发区用地效率的评价指标体系进行构建。本书指标包括土地利用结构指标、土地利用强度指标、土地利用效益指标因子的选取,并合理确定指标阈值,力求更客观科学地反映开发区集约利用水平(见表4-1)。

表4-1　开发区土地集约利用评价指标构建

目标	评价指标	指标计算
土地利用结构	各用地类型用地率	各用地类型面积/企业总批准面积
土地利用强度	综合容积率	工业总建筑面积/工业用地面积
	工业用地建筑系数	建筑物、构筑物和堆场用地面积之和/工业用地面积
土地利用效益	工业用地固定资产投入强度	固定资产投入总额/工业用地面积
	工业用地产出强度	工业总收入/工业用地面积
	工业用地地均税收	企业税收/工业用地面积

资料来源:笔者所做的"开发区典型企业情况调查"。

三　山东半岛城市群开发区典型企业土地集约利用评价分析

本书采取典型企业调查方法进行研究,选取山东内陆西部地区城市某开发区典型企业进行土地集约利用评价分析。S经济开发区,2006年正式设立为山东省省级开发区,目前园区建成企业达到100家,形成了输变电设备、工程机械、汽车配件、纺织服装及染整装备、啤酒酿造及观光、生物制药、电子信息七大产业基地。规划面积近40平方千米。2018年园区实现税收14.21亿元,财政收入9.87亿元。

(一)典型企业概况

本书对S经济开发区评价范围内典型企业的基本情况、投入、产出、用地情况、建设情况等进行调查,根据主要产业类型以及典型企业选择标准,选取的企业有独立的工厂区域,具备一定规模的工业厂房,企业自我配套设施齐全,是在区域经济中起主导作用的产业，对其他产业和整个区域经济发展有较强带动作用。共随机选取 S 经济开发区典型企业共 9 家，A 啤酒有限责任公司，B 纺织有限责任公司，C 服饰有限责任公司，D 家居有限责任公司，E 设备有限责任公司，F 数控有限责任公司，G 机械有限责任公司，H 开关有限责任公司，I 热电有限责任公司。S 经济开发区典型企业基本信息见表 4-2。

表 4-2　　　　S 经济开发区典型企业基本信息　　　　单位：万元

序号	企业名称	企业收入	工业总产值	税收总额	行业类别	行业代码
1	A 啤酒有限责任公司	46000	47500	3733	饮料制品业	C15
2	B 纺织有限责任公司	57000	58500	4669	纺织业	C17
3	C 服饰有限责任公司	34000	35000	2731	纺织服装、鞋、帽制造业	C18
4	D 家居有限责任公司	14500	15000	990	家具制造业	C21
5	E 设备有限责任公司	12000	12500	910	通用设备制造业	C34
6	F 数控有限责任公司	16500	17000	1119	专用设备制造业	C35
7	G 机械有限责任公司	34000	35000	2731	专用设备制造业	C35
8	H 开关有限责任公司	39000	40000	2669	电气机械及器材制造业	C38
9	I 热电有限责任公司	16000	16000	1274	电力、热力的生产和供应业	D44
总计		269000	276500	20826		

资料来源：笔者所做的"开发区典型企业情况调查"。

（二）典型企业用地结构分析

1. 典型企业用地结构构成

企业用地主要由厂房及配套用地面积，企业内部行政办公及生活服务设施用地面积，露天堆场、露天操作场地面积，厂区内部预留地面积，企业内部道路停车场面积，绿地面积，其他用地面积 7 部分构成。以上 7 部分中的露天堆场、露天操作场地面积和厂区内部预留地面积是企业根据自身生产和发展的需要而确定的用地类型，并非所有企业用地都包含这两部分，通常情况下典型企业是集研发、设计、生产、销售、服务于一体的工业企业，必然有厂房及配套设施用地，所以厂房及配套设施用地和企业内部行政办公及生活服务设施用地两部分是每个企业都存在的基础用地类型。工业园区 9 家典型工业企业批准用地总面积为 110.20 公顷，其中厂房及配套用地面积为 30.05 公顷，占总批准用地面积的 27.27%，由此可以看出该开发区生产性用地面积的比例偏低，企业内部行政办公及生活服务设施用地面积为 3.41 公顷，占总批准用地面积的 3.09%，露天堆场、露天操作场地面积为 14.34 公顷，占总批准用地面积的 13.01%，厂区内部预留地面积为 22.79 公顷，占总批准用地面积的 20.68%，企业内部道路停车场面积为 21.22 公顷，占总批准用地面积的 19.26%，绿地面积为 17.21 公顷，占总批准用地面积的 15.62%。

2. 典型企业用地结构特点分析

典型企业用地结构分析是对企业厂房及配套设施用地面积，企业内部行政办公及生活服务设施用地面积，厂区内部预留地面积，露天堆场、露天操作场地面积等占总用地面积的比例进行调查和分析，通过分析反映典型工业企业用地的合理利用程度。

(1) 生产性用地

通过对所选典型工业企业的用地情况的调查，本次分析所选的典型工业企业用地中厂房及配套用地面积所占比例为 27.27%，而厂区内部预留地面积占总批准用地面积的 20.68%，主要原因是 H 开关有限责任公司、E 设备有限责任公司、C 服饰有限责任公司均存在较大的预留地，F 数控有限责任公司存在一部分预留地。据调查，预留地主要为第二、三期工程建设用地。

(2) 非生产性用地

根据国土资发〔2008〕24 号文和鲁政办发〔2018〕39 号文《工业项目建设用地控制指标》的规定，工业项目所需行政办公及生活服务设施用地面积不得超过工业项目总用地面积的 7%。另外，工业企业内部一般不得安排绿地，但因生产工艺等特殊要求需要安排一定比例绿地的，绿地率不得超过 15%。通过以上分析可以看出，S 经济开发区内典型企业内部行政办公及生活服务设施用地面积比例较小，所有典型企业均未超出 7% 的标准；平均绿地面积占比为 15.62%，B 纺织有限责任公司的绿地面积超出了标准要求的 18 个百分点，主要因为企业依据地势建了一个人工湖，需在今后的厂区建设中注意控制绿地占地比例。说明开发区企业应注意绿化面积的控制，严格按照国家及省有关规定执行。

开发区大部分企业面积比较大，存在一定的厂区内部预留地。如 H 开关有限责任公司、E 设备有限责任公司、C 服饰有限责任公司预留地所占比例较大，其原因是企业内部预留地（二期规划用地）是企业正在规划中的厂房及配套用地，从而影响了目前的土地利用效益和土地利用强度。这部分企业未来的挖掘潜力比较大。对于企业内部的预留地，开发区可以督促企业制定用地及时序并监督实施；也可以采用分期供地，杜绝先供地再用地的情况；对于预留地长时间未用的企业，可以采取有偿收回的措施，一方面可以增加开发区的可供土地指标，另一方面可以减轻企业发展负担。

（三）典型企业用地效益分析

1. 开发区典型企业投资强度分析

根据《工业项目建设用地控制指标（2008 年版）》（国土资发〔2008〕24 号）《山东省建设用地控制标准（2019 年版）》（鲁政办发〔2018〕39 号）关于工业项目建设用地投资强度的标准，按照全省土地类型划分，S 经济开发区属于三类地区（七、八等）。选取的 9 家典型企业中投资强度均超出了国家投资强度标准，8 家达到省投资强度控制标准。典型企业投资强度如表 4-3 所示。

表 4-3　S 经济开发区典型企业土地投资强度与控制标准对比

企业名称	所属行业	投资强度（万元/亩）	国标（2008）（万元/亩）	是否达标	省标（2019）（万元/亩）	是否达标
A 啤酒有限责任公司	饮料制品业	290	≥75	√	≥215	√
B 纺织有限责任公司	纺织业	734	≥75	√	≥215	√
C 服饰有限责任公司	纺织服装、鞋、帽制造业	655	≥75	√	≥215	√

续表

企业名称	所属行业	投资强度（万元/亩）	国标（2008）（万元/亩）	是否达标	省标（2019）（万元/亩）	是否达标
D家居有限责任公司	家具制造业	452	≥70	√	≥215	√
E设备有限责任公司	通用设备制造业	232	≥60	√	≥270	×
F数控有限责任公司	专用设备制造业	501	≥121	√	≥270	√
G机械有限责任公司	专用设备制造业	801	≥121	√	≥270	√
H开关有限责任公司	电气机械及器材制造业	289	≥121	√	≥280	√
I热电有限责任公司	电力、热力的生产和供应业	328	≥75	√	≥270	√
平均强度		476				

资料来源：笔者所做的"开发区典型企业调查"。

S经济开发区内共9家典型企业，其平均固定资产投资强度约为476万元/亩，高于开发区工业用地固定资产投入强度理想值300万元/亩，开发区内6家典型企业均超过了典型企业的理想水平，但有1家未达到省级开发区的控制标准。

2. 开发区典型企业产出强度分析

S经济开发区典型企业的工业总收入达26.9亿元，典型企业的平均工业产出强度为267.68万元/亩。开发区典型企业的亩均产值较低，有两家典型企业超过山东建设用地亩均产值控制标准，分别为D家居公司和G机械公司，其他7家企业的亩均产值离控制标准有一定差距。

3. 开发区典型企业工业地均税收分析

开发区9家典型企业工业用地地均税收平均值为19.76万元/亩，9家典型企业中的2家达到了控制标准，1家企业接近控制标准，其他6家企业的亩均税收离控制标准有一定差距。

（四）典型企业用地强度分析

根据国土资发〔2008〕24号文和鲁政办发〔2005〕27号文的

规定，工业项目建筑容积率一般不低于0.6，鲁政办发〔2018〕39号文提高了这一标准（见表4-4）。本次评价综合容积率的理想值定为1.0。通过现状调查得出典型企业的容积率平均值为0.88，具体情况见表4-5。

表4-4　　　　　　　　容积率控制指标

行业分类		国标（2008）	省标（2005）	省标（2018）
代码	名称			
C15	饮料制品业	≥1.0	≥0.8	≥1.0
C17	纺织业	≥1.0	≥0.6	≥1.0
C18	纺织服装、鞋、帽制造业	≥1.0	≥0.6	≥1.2
C21	家具制造业	≥0.8	≥1.0	≥1.0
C34	通用设备制造业	≥0.7	≥0.5	≥0.9
C35	专用设备制造业	≥0.7	≥0.9	≥0.9
C35	专用设备制造业	≥0.7	≥0.9	≥0.9
C38	电气机械及器材制造业	≥0.7	≥0.9	≥0.9
D44	电力、热力的生产和供应业	≥0.7	≥0.5	≥0.9

资料来源：《工业项目建设用地控制指标》（国土资发〔2008〕24号）、《山东省建设用地集约利用控制标准》（鲁政办发〔2005〕27号）、《山东省建设用地控制标准（2019年版）》（鲁政办发〔2018〕39号）。

表4-5　　　　　　开发区典型企业用地容积率

企业名称	容积率	扣除后容积率	国标（2008）	省标（2005）	是否达标	省标（2019）	是否达标
A啤酒有限责任公司	0.53	0.58	≥1.0	≥0.8	×	≥1.0	×
B纺织有限责任公司	0.68	0.68	≥1.0	≥0.6	√	≥1.0	×
C服饰有限责任公司	0.64	1.22	≥1.0	≥0.6	√	≥1.2	×
D家居有限责任公司	1.90	1.9	≥0.8	≥1.0	√	≥1.0	√
E设备有限责任公司	0.69	1.59	≥0.7	≥0.5	√	≥0.9	×
F数控有限责任公司	1.2	1.96	≥0.7	≥0.9	√	≥0.9	√

续表

企业名称	容积率	扣除后容积率	国标（2008）	省标（2005）	是否达标	省标（2019）	是否达标
G 机械有限责任公司	1.64	1.65	≥0.7	≥0.5	√	≥0.9	√
H 开关有限责任公司	0.42	1.00	≥0.7	≥0.9	×	≥0.9	×
I 热电有限责任公司	0.24	0.28	≥0.7	≥0.5	×	≥0.9	×
平均容积率	0.88	1.21					

资料来源：笔者所做的"开发区典型企业调查"。

1. 开发区典型企业用地容积率分析

开发区 9 家典型企业中有 6 家企业用地容积率达到省级 2005 年版标准，仅有 3 家企业用地容积率达到省级 2019 年版标准。9 家典型企业的平均容积率为 0.88，接近国家关于工业用地综合容积率的一般标准，但 I 热电公司、H 开关公司、A 啤酒公司、E 设备公司与控制指标有较大差距。因为企业内部存在一定的预留地，所以扣除预留地后的容积率更能体现企业的水平，扣除预留地后 E 设备公司和 H 开关公司达到国家和省级标准。说明企业对土地集约节约利用的意识还有待提高。

2. 开发区典型企业用地建筑系数分析

工业用地建筑系数是指项目用地范围内各种建筑物、用于生产和直接为生产服务的建筑物占地面积总和占总用地面积的比例。根据国土资发〔2008〕24 号文规定工业项目的建筑系数应不低于 30%，鲁政办发〔2018〕39 号文规定工业项目的建筑系数应不低于 40%，工业用地建筑系数理想为 45%，S 经济开发区 9 家典型企业中有 3 家建筑系数未达到"不低于 30%"的国家标准，4 家企业建筑系数未达到"不低于 40%"的省级 2018 年版标准，扣除预留地后达标情况有好转。说明开发区内部分典型企业用地效率达到较高水平，但部分企业离国家和省集约利用标准还存在较大差距（见表 4-6）。

表 4-6　　　　　开发区典型企业用地建筑系数达标情况

企业名称	建筑系数	扣除后建筑系数	国标（2008）	是否达标	省标（2019）	是否达标
A 啤酒有限责任公司	32.83%	38.18%	≥30%	√	≥40%	×
B 纺织有限责任公司	44.70%	47.18%	≥30%	√	≥40%	√
C 服饰有限责任公司	27.79%	55.43%	≥30%	√	≥40%	×
D 家居有限责任公司	87.29%	88.89%	≥30%	√	≥40%	√
E 设备有限责任公司	22.57%	72.65%	≥30%	√	≥40%	×
F 数控有限责任公司	50.09%	83.09%	≥30%	√	≥40%	√
G 机械有限责任公司	94.65%	96.36%	≥30%	√	≥40%	√
H 开关有限责任公司	20.83%	49.44%	≥30%	√	≥40%	×
I 热电有限责任公司	61.89%	73.70%	≥30%	√	≥40%	√
平均建筑系数	49.18%	67.21%				

资料来源：笔者所做的"开发区典型企业调查"。

（五）典型企业土地集约利用评价综合分析

（1）典型企业土地利用结构。经过对典型企业的用地结构分析，该开发区生产性用地面积的比例偏低，仅占总批准用地面积的 27.27%，所有企业达到行政办公及生活服务设施用地面积不超过工业项目总用地面积 7% 的控制要求，2 家企业未达到"绿地率的控制指标不超过 15%"的要求，需要企业加强对绿地率的控制认识。本次调查中用地结构中存在内部预留地过大的问题，需充分利用土地扩展空间，加大基础设施建设的投入和厂房规划的实施力度，充分利用已有土地资源。

（2）典型企业土地利用效益。通过以上分析，开发区 8 家典型企业的企业固定资产投资强度均达到国家标准（2008 年版）及省级标准（2019 年版），说明典型企业的投入强度水平达到基本的行业门槛。但开发区典型企业的亩均产值较低，仅有两家典型企业超过山东建设用地亩均产值控制标准，9 家典型企业中的 2 家工业用地地均税收达到了控制标准，1 家企业接近控制标准，其他 6 家企业的亩均税收离控制标准尚有一定差距。反映出开发区的主要产业还是以机械加工、建材、纺织、食品加工等旧动能为主，而互联网科技、量子经济、区块链、网红经济等新业态、新场景的产业数量较少。

（3）典型企业土地利用强度。开发区9家典型企业中有6家企业用地容积率达到省级2005年版标准，仅有3家企业用地容积率达到省级2019年版标准。9家典型企业的平均容积率为0.88。9家典型企业中有3家建筑系数未达到"不低于30%"的国家标准，4家企业建筑系数未达到"不低于40%"的省级2019年版标准。对没有达到用地强度内部有预留地和大片绿地的企业，在经过基础建设扩张后，应采取厂房加层或改建等措施提高用地强度。

针对山东半岛城市群开发区典型企业，综合考虑典型企业的土地利用结构、土地利用效益、土地利用强度三项指标，通过本次对S经济开发区典型企业的评价，可以看出典型企业的集约用地水平差距较大，离国家对于土地集约利用的要求还有一定差距。

四　山东半岛城市群开发区土地集约利用存在的问题

1. 土地利用粗放

开发区在发展中由于招商引资难以控制，土地预留过多、土地投入产出效益低的问题普遍存在，造成了土地资源的浪费。山东半岛城市群开发区建设用地土地利用结构失衡，各类建设项目用地宽打宽用、占多用少，亩均土地产出效益不高。有些项目占地面积过大，厂房密度低而道路、绿化等配套设施占用面积过大。有些项目因产业政策调整或企业资金不到位等造成了土地闲置。

2. 引资质量不高

开发区设立的初衷是引进外资和先进技术，带动相关产业的集聚发展。从实际情况看，山东半岛城市群开发区主导产业不明确，招商引资与园区规划产业不一致的现象普遍存在。大部分开发区的工业用地投资强度低，缺乏大项目的集聚、带动和示范效应。不同程度地存在产业发展方向不明确、产业结构雷同等问题，尤其是缺少大型主导型企业和高新技术企业的引领带动。有些开发区招商引资困难，一些不符合开发区标准的企业也相继入园。

3. 原标准跟不上发展需求

在新标准颁布之前，一直沿用省级2005年版的建设用地控制标准。原标准产业类型不全，随着产业类型的增多和新产品类型的出现，原标准跟不上发展需求。随着建设水平和生产工艺的提高，原标准的用地门槛过低和投资强度过低，对产业的控制作用不显著。同时，原标准与国家标准不相适应的问题，2005年标准中很多行业工业项目建设用地容积率达不到国家《工业项目建设用地控制指标》中的容积率要求。

4. 资源环境风险突出

山东作为土地资源大省，也是人口大省，人均土地资源量低，土地资源供应十分紧张。人均水资源占有量334立方米，约为全国人均占有量的1/6。开发区是水资源、能源消耗高，"三废"排放量大的集中区域。山东煤炭消费量占一次能源消费的80%左右，能耗总量和万元地区生产总值单位能耗均较高。部分开发区工业企业排放源治污设施落后，重点河流断面化学需氧量浓度、氨氮浓度过高，PM2.5监测指标过高。

第五节　绿色发展理念下山东半岛城市群开发区用地效率提升路径

根据《2018年度国家级开发区土地集约利用评价情况通报》和开发区典型企业用地效率评价结果，本书分析了山东半岛城市群开发区用地效率的影响因素，探析了开发区用地效率存在的问题。开发区节约集约用地是一项涉及空间维度、功能维度、效益维度和时间维度和多个空间的复杂系统。应从加强存量土地的挖潜利用，大力推广节地模式与技术；扩大有效精准招商，全面提升项目用地服务质量；强化用地指标硬约束，提高开发区产业集聚度；践行绿色发展理念，推动生态工业园区建设等方面推动山东半岛城市群开发区土地效率提升。

一 加强存量土地的挖潜利用，大力推广节地模式与技术

实行土地存量和土地增量挂钩制度。根据山东半岛城市群开发区近5年的土地报批和供应情况，对供应率低于70%，批而未用及闲置土地数量较多的县区，原则上除山东省重点及民生项目外，暂停其新的用地审批，关闭报批窗口。对已报批的建设项目用地，因企业资金不到位、项目不符合产业规划等原因造成土地征而未用的，应尽快调整安排新的用地项目。对存量土地较多、开工率低的县区，酌情核减下一年度的用地计划。对于供地率高、项目开工率高的县区，在安排年度项目计划时予以酌情增加用地安排。

从存量建设用地再利用的角度，通过拆除重建、改造、闲置土地处置、低效用地再开发、产业置换等措施，实现土地的循环利用。鼓励企业进行"零增地"技改、产业升级、产业置换、新功能植入、工业遗存再利用开发，提高已有建设用地的利用强度和利用效益。积极引导用地规模小的项目在已有用地规模上挖潜再利用；在条件合适的园区，鼓励新企业租用老企业闲置厂房，既降低了企业的投资成本，又节约了土地资源，增加了单位面积的工业面积，呈现多方共赢的局面。鼓励已投产的企业利用原有场地增资扩股，实行"零增地"技改，以最低的土地消耗，实现产业利润最大化。对于有些企业因项目变动、资金短缺和经营不善等原因造成严重亏损，转产无望、难以维持的项目。园区通过第三方评估，对不动产进行收购，盘活土地。进行用地功能结构调整是企业提高集约用地水平的重要途径，对厂区内部预留地进行投资建设，提高厂房及配套用地面积，一是可自用，从而扩张企业的投资和产能，二是可以采用工业园的模式进行土地经营，发挥每一寸土地的利用价值。

大力推广节地模式与技术。空间维度的节地是基础，核心要义体现在立体紧凑开发、复合利用和循环利用等方面。节地模式和技术类型可分为紧凑布局主导型和立体开发主导型。紧凑布局主导型

的核心是通过合理的规划设计，合并工业建筑设施，减少建筑间距，提高平面土地利用率；强调厂区内建筑间距、道路规划、管线布置、仓储用地、预留用地、工艺设备等的微观设计，提高厂区用地集中紧凑度；园区综合服务中心集中和基础设施合建，共用共享等。

立体开发主导型强调多建设高层厂房、标准厂房模式。统筹地上、地下开发建设，鼓励多种形式的地下空间开发模式，推动道路系统、垃圾、污水处理设施、雨水储备设施电站等公共基础设施陆续进入地下空间。强调仓储式地下立体车库建设技术、仓储设施、地下综合管沟技术、地下空间整体开发模式、地下基础设施等。交通设施立体分层开发、光伏建筑一体化利用、特殊基础设施分层复合利用模式等。

二　扩大有效精准招商，全面提升项目用地服务质量

发挥投资对优化土地利用结构的关键性作用，聚焦重点领域和关键环节补短板强弱项，持续扩大有效投资，保持投资平稳增长，为开发区经济高质量发展增势赋能。优化投资结构。坚持投资方向精准，着力优化投资结构，合理扩大有效投资。围绕国家、省、市重大战略实施，聚焦科技创新、产业升级、新型城镇化、乡村振兴、生态环保、公共卫生、防灾减灾、民生保障等领域短板，推动企业设备更新和技术改造，扩大战略性新兴产业投资，实施新一代信息技术、骨干交通路网、高能级创新平台等重大项目建设。

提高投资效益。坚持"项目为王"理念，加强重大项目谋划储备，在项目入库方面谋远谋深、谋准谋细，健全"要素跟着项目走"机制，在土地、资金、用水、用能、环境容量等方面，对各类重点项目给予优先保障。开辟重点项目绿色通道，集中会审、同步审批、一网通办，推进合并精简审批事项，推动事前审批、事中事后监管和优化服务企业有机结合，提高项目从洽谈落地到建成投产"全链条"投资效率。加强投融资机制创新，发挥政府投资引导作用，采用发行地方政府专项债券、PPP 项目等多种融资渠道，营造

民间投资环境，激发民间投资活力。

创新招引新模式。围绕重点产业，以建链、强链、补链、延链为导向，编制产业链的招商图谱和路线图，明确招引方向性。聚焦京津冀、长三角、珠三角等重点领域，瞄准国内外500强、行业100强，锁定重点行业和目标企业精准招商。创新中介招商、委托招商、代理招商、以商招商等新模式，大力推行"点对点""线连线""屏对屏"网上招商方式。实行台账管理，夯实细化责任，确保每项工作任务"人盯人""点对点"持续高效推进。

实行领导挂钩重大项目用地跟踪服务，按照定期调度、协调商议、有效推进等工作制度，推进重大项目尽快落地。要加强部门之间对接，督促项目落实挂钩责任，帮助企业协商征地难题，综合协调用地过程中的各种问题。要加强事后监督机制，项目竣工验收时，政府部门要根据项目投资额、开发建设期限、土地用途等指标对土地情况进行验收。督促企业和土地权利人对内部预留地和超标绿地部分进行建设，引导用地主体进行科学合理规划，对合理的调整规划，国土、规划、建设、环保、工商等职能部门应积极协作，予以审批，并应减免部分相关费用，为用地主体的改进提供政策支持。

为项目提供动态国土大数据支持。土地管理信息量大，报表数据统计量大，会出现省、市、县数据统计不准确，更新不同步的情况，要集成土地规划、土地利用、土地供应和土地批后监督等数据，推广运用互联网审查审批和行政办公，为项目用地提供动态国土数据支持。

三 强化用地指标硬约束，提高开发区产业集聚度

目前山东省正处在城镇化和工业化快速发展时期，招商引资也一直以工业投资项目为重点，工业化程度提高很快，工业用地在各类新增建设用地中所占比例很大。各级政府要不断完善和严格执行节约集约用地标准，提高用地准入门槛，切实提高土地节约集约利用水平，按照《山东省建设用地控制标准（2019年版）》的要求，

认真执行修订的各行业新的用地标准和控制标准。工业用地是本次标准修订的重点，新标准针对食品加工、纺织、造纸、化学、医药、通用设备、汽车、船舶等 33 个行业大类，逐一规定了投资强度、容积率、亩均产值、亩均税收、建筑系数、行政办公及生活服务设施用地所占比重、绿地率 7 项指标，比 2005 年版新增了亩均产值、亩均税收 2 个指标。

新版《标准》将省级开发区按照区域划分为 A、B、C 三类，投资强度要求有所区分；按照不同行业对投资强度、容积率、亩均产值、亩均税收等规定了不同的指标值。其中，一类地区已没有低于 200 万元/亩的工业项目，纺织业和医药制造业要求分别达到 300 万元/亩和 430 万元/亩以上，用地强度要求大幅提升。新标准提高了项目的入园门槛，在项目设计、项目立项、土地供应等各个环节都有限制标准；同时，工业用地指标可以作为存量项目用地绩效评价的参考标准，为各地开展企业综合评价提供依据。通过建设用地控制标准的实施，既能促进开发区土地的节约集约，又能通过工业用地指标倒逼工业企业转型升级促进山东新旧动能转换。

定期开展开发区土地集约利用评价，按照可比、可量、可获和可行的原则，对开发区用地效率的评价指标体系进行构建。指标除包括土地利用结构指标、土地利用程度指标、土地利用效益指标和土地管理绩效等传统因子外，还需要考虑新旧动能转换度，即新技术、新产业、新业态和新模式构成的新动能在开发区产业中的占比，产业共生、资源节约、环境保护等指标的选取，并合理确定指标阈值和权重。开发区国土管理部门要通过评价成果认识到区内土地集约利用程度不高的原因，明确土地利用效率提升要素，据此制定出相应的开发区土地管理政策。开发区管理部门在以后的工作中应该更加严格执行国家对于集约利用土地的要求，严格按照国家颁布的供地标准进行土地审批，使土地利用经济效益、社会效益达到更好的水平，实现土地的集约利用。

实现产业集聚，离不开引导。政府应该对各类工业用地进行整合，引导新型工业项目、高科技项目不断向园区集中。依托建立"园中园"的产业集聚模式对推动产业发展，提高园区竞争力有重要作用。在规划时就应确定产业的发展定位，采用"龙头型"建设模式和"抱团型"建设模式发展。"龙头型"建设模式指在招商引资中，着力引进行业大型龙头企业进驻，设立研发总部，建设大型生产线。通过引进资金密集型、自动化程度高、有自主研发能力、有可持续发展能力的高科技项目带动上下游产业配套和发展。"抱团型"建设模式指引进产业之间关联程度高的企业，企业之间可以互相配套，抱团发展，共同组成产业集群，在降低交易成本、知识溢出等方面具有明显的优势。

四 践行绿色发展理念，推动生态工业园区建设

工业化进程中普遍存在集聚发展与生态环境保护的两难悖论，生态工业示范园充分利用产业集聚区内部的资源循环利用，逐渐成为探索绿色高质量发展的试验田和工业绿色发展不可或缺的载体（Enrenfeld，2003；Ashton，2008；周凤秀，2019）。目前山东半岛城市群普遍还存在对生态工业园区定位与规划认识不到位、缺乏后期运营管理经验等问题，开发区在发展过程中，要按照资源节约、节能降耗的思路，在提高用地效率的同时，树立绿色发展的理念，向绿色、低碳、生态开发区方向发展。

要崇尚人与自然的和谐共生，形成节约资源和保护环境的产业结构、生产方式、生活方式、空间格局。要处理好生产和消费的关系，消费和需要的关系，形成资源节约、不过度消费的良好价值导向和社会氛围。树立节约集约循环利用的资源观，推进产业生态化和生态产业化发展。推动清洁生产、循环经济和产业生态园区发展。运用生态资本产权化、通过生态补偿机制、绿色金融政策和价格效应等经济手段解决产业生态化中的问题；同时提高产业环境准入标准的环境管制政策、企业清洁生产鼓励、政府绿色采购、居民绿色消费政策。要建立健全绿色低碳循环发展的经济体系，构建市场导向的绿色技术创新体系，全面降低物耗和能耗，促进向低碳、

生态、绿色转型。要大力推进空间结构绿色转型，按照主体功能区定位，发挥不同功能区的功能作用，促进国土空间的全面绿色发展。

政府在推动开发区土地利用和循环经济中发挥着重要的领导作用，原国家环保总局于2000年开始推动生态工业园区建设，2007年环保部、商务部、科技部联合加强推进国家生态工业示范园的建设，彰显了中央政府对生态工业园区建设的重视。要参照《综合类生态工业园区标准》《国家生态文明建设示范点示范区指标》以及其他地方省市生态工业园区建设要求和考核标准，资源节约指标、废弃物循环利用指标、污染控制指标三个维度共同组成开发区生态绩效评价体系（宋叙言，2015）。园区所在地政府应从绿色招商、绿色金融、环境规制和产业共生等方面提高开发区的绿色发展能力。

企业是生态工业园区理念最重要的实施者，通过理念革新和技术进步，提高生产效率和资源能源利用率。随着国家节能降耗政策的实施，国家严格的环境政策使企业有了改善环境行为的压力和动力。企业一方面应通过开发运用高新技术和绿色技术提高资源利用效率；另一方面应将环境管理体系如ISO14001认证、全生命周期环境管理、绿色供应链管理、实现清洁生产等贯穿到日常生产管理中。推动开发区绿色发展、低碳发展和循环发展，资源能源循环利用和土地资源集约都应当符合市场经济的规律。加强企业、产业间联系，让不同的工业企业间可实现物质和能量的梯度循环利用，提高资源利用效率。

加强工业污染防治。关停重污染企业，加强对重点企业的环保改造提升。对工业企业执行严格的污水排放标准——地表水环境质量的Ⅲ类水标准。加强城镇生活污水防治。加大投入，建设污水处理设施。形成满足需求的污水处理能力，实现污水全部进厂治理并达标排放。大力推进城市雨污分流改造和海绵城市建设，消除县（市、区）域内黑臭水体，新改扩建城市污水处理厂，提升污水收集处理能力。加强农村生产生活污染防治。全面开展面源污染综合整治，禁养区养殖场（小区）、养殖专业户完成关闭搬迁，建设国家级、省级、市级畜禽标准化示范场，疏挖清理田间沟渠，实现村庄生活污水收集处理，大力清退大片养殖水域，清理湖区人工养殖设施网箱和网围等。

  鼓励工业企业再生水循环利用。集中式污水处理厂的建设是必不可少的环节，有些工业开发区的集中治污向再生水回用方向发展，中水回用降低了新鲜水耗，节约了水资源。企业建立污废水处理站，中水池和回用设施，处理过的工业废水大部分回用于绿化、冲厕、洗车以及井下防尘、注浆等。建设中水回用工程，将经水处理厂和湿地公园处理后的达标中水引入支渠，利用节制闸实现层层拦蓄，然后经河道沿岸灌溉回归工程回用于农业灌溉、城市景观和园林绿化等。有效防止污染物进入输水渠道，可实现拦蓄回用中水，有效地缓解了水资源供需矛盾，实现了各种可利用水资源的统一调度和水资源优化配置。

  完备的基础设施是生态园区的基础条件，建设电力、热力、雨水、污水、自来水、电信等基础设施，鼓励建设电、热、冷、气等多种能源协同互济的综合能源项目。此外，园区可以提供公共服务平台如海关、商检、邮政、医疗、供应链金融服务、公共检测实验室、法律咨询等。为进园企业提供原材料代买、产品代卖等服务，引进渠道销售商、渠道配件供应商进驻园区等增值服务。

第五章 构建山东半岛城市群生态安全格局

面对日益趋紧的资源环境制约,要实现更大规模、更高质量的经济增长,就必须以最少的资源环境消耗支撑经济社会持续健康发展。崇尚人与自然的和谐共生,形成节约资源和保护环境的产业结构、生产方式、生活方式、空间格局。本章首先介绍了与生态安全格局相关的生态学、经济学和地理学理论基础;分析了山东半岛城市群主体功能区划、生态安全格局、环境质量的现状、资源环境总体特征;重点介绍了山东在实践中探索出的小流域"治用保"综合治污模式、泰山区域山水林田湖草生态保护修复工程经验;从六个方面提出了环境污染治理和生态安全格局的实施路径。

第一节 生态安全格局相关的理论基础

一 生态学相关理论

1. 生态系统平衡

生态系统平衡是生态系统的物质和能量输入、输出接近相等,结构和功能达到一种相对稳定状态,在受到外界干扰的情况下,能通过系统的自我调节功能恢复到初始状态(Wu, 2002; De Groot, 2002; Maas, 2006)。生态系统的外来干扰因素包括自然因素和人为因素。前者包括洪水、地震、泥石流、滑坡、干旱等自然灾害,会使整个生态系统的平衡受到剧烈破坏;后者主要指人类对自然资源的无序开发与利用，对生态系统的过度使用改变了生态系统的环境因素，破坏了生态平衡（Nowak，2002；Willemen，2008）。生态系统平衡调节主要是通过系统的反馈机制、抵抗力和恢复力实现。抵抗力是指生态系统抵抗外在干扰的能力。比如山地地区具有针阔混交林生态系统，其抵抗干旱和虫害的能力要远远超过单一的农田生态系统。流域生态系统恢复力是指系统受到外界破坏干扰后恢复到原始状态的能力。植被生活世代长，结构复杂的生态系统，抵抗力较强，但一旦受到破坏后难以恢复。生态系统平衡失调是外界干扰大于生态系统自身调节能力的结果。

2. 生态系统服务

健康的生态系统所提供的服务是人类社会可持续发展的基础，生态系统服务是人类从生态系统中所获得的权益（Millennium Ecosystem Assessment，2005）。20 世纪 90 年代末期，以 Costanza（1997）为代表的学者尝试对全球的自然资本进行评估，随后相关研究增长迅速（Daily，2000；Wolf，2010；Willemen，2008；Gulickx，2013）。学者们基于土地利用/土地覆被分析生态用地时空演变和机制，主要关注城镇地区生态空间格局的演变和生态系统服务响应（傅伯杰，2008；Gret，2008）。近年来，城镇建设用地挤占大量生态空间，生态系统服务价值降低。生态系统服务的量化评估方法主要有物质测量、价值测量和能值测量三种（De Groot，2006；Egoh，2008）。物质测量主要通过土地利用数据，估算生态用地服务价值及时空变化。价值测量一般使用价值当量法、模拟市场法和间接市场法。能值量评估一般基于能值分析和生态承载力测算，评估生态系统服务价值。

3. 能值

能值理论最早由奥德姆于20 世纪80 年代提出，能值（emergy）与能量（energy）不同，是形成某一资源、产品或劳务产品所具有的能量（樊新刚，2019）。能值理论以能值为基准，把生态经济系统中的物流、能流和价值流转换成同一标准的能值进行评价分析，从而可以定量揭示各种系统的结构、功能、特征及其生态经济效益。一般用太阳能来衡量，单位为太阳能焦耳，能值分析中常用太阳能值转换率作为各种物质或能量的转换单位。通过能值转化率把生态系统中不同种类、不可比较的物质流、能量流、价值流以及生态系统服务功能转换成同一标准的能值来衡量和分析，有效地将自然资本的价值纳入了社会经济系统，进行不同时间段或不同区域间的纵向和横向比较。能值分析系统研究的重点包括可更新资源能值、不可更新资源能值。

二 经济学相关理论

经济发展会对生态安全产生胁迫作用，其中所涉及的利益相关者众多，运用经济学中的公共物品理论、外部性理论、经济人理论等来揭示各利益相关者之间的关系机制，厘清它们之间的利益交点，使用管治对政府与市场之间进行权力平衡再分配的制度性理念（刘永敬，2014；刘贵利，2019）。其中，公地悲剧、囚徒困境博弈和集体行动逻辑模型是研究者用来对国家和市场之外存在的各种制度安排在理论和经验上做出的高度概括。

1. 公共物品理论

公共物品理论将社会物品划分为公共物品和私人物品两类。认为纯粹的公共物品具有非竞争性和非排他性两个基本特征。生态产品的公共物品属性造成了严重的负面后果，开放性产权促使生态资源滥用和资源消费者的"搭便车"现象的出现，从而导致典型的"公地的悲剧"（朱宇江，2013）。流域上游以提供环境服务为目的的森林资源不需要经过流域生态产品生产者授权就为流域中下游地区的消费者所利用，但流域上游生态价值较难通过市场交换得以实现，导致上游地区没有愿意进行生态保护和建设，生态环境不断恶化。

2. 外部性理论

外部性概念认为经济外部性的存在是因为个体经济活动的行为会对社会其他成员附带地提供服务或给其他人造成损害，但无法从受益方获取报酬，也无法对受害方给予补偿（黄少安，2014；曾贤刚，2014）。行为对社会其他成员造成的积极影响被称作正外部性，反之，对社会其他成员造成损害的行为具有外部不经济性，即负外部性。外部性的存在导致个人收益与社会收益之间存在差别，这种差别的存在往往导致非社会最优的结果。

3. 博弈论

博弈论（game theory）是研究相互依赖、相互影响的决策主体的理性决策行为以及这些决策的均衡结果的理论（申亮，2011；陈宏，2011）。博弈论的基本构成要素包括参与者、行动、信息、战略、支付结果和均衡。参与者、行动和结果统称为博弈规则。博弈分析的目的是使用博弈规则预测均衡。博弈论的经典案例就是著名的"囚徒困境"，个人理性并不总能带来群体理性。构建有效率的补偿规则在很大程度上是要摆脱囚徒困境。假设生态补偿有两个参与人：生态保护者和生态受益者。生态保护者有两种选择策略：保护与不保护。受益者也有两种选择：对生态保护者的补偿与不补偿。反映了个人理性与群体理性之间矛盾，如果受益者选择补偿，实施者选择保护，双方将分别得到收益，他们各自的福利都会得到增加，社会的总福利也得到增加。管治是一种在政府与市场之间进行权力平衡再分配的制度性理念（刘永敬，2014；刘贵利，2019）。其中，公地悲剧、囚徒困境博弈和集体行动逻辑模型是研究者用来对国家和市场之外存在的各种制度安排在理论和经验上做出的高度概括。

第二节　山东半岛城市群生态环境保护现状与特征

一　山东主体功能区规划

1. 主体功能区规划

为优化空间结构，规范空间开发秩序，国家规划纲要明确提出了"编制全国主体功能区划规划，明确主体功能区范围、功能定位和区域政策"的要求，将主体功能区域提升到区域发展战略决策的核心位置，使之成为区域产业布局和区域政策落实的空间依据（刘燕华，2005）。主体功能区强调区域的主导功能，通过对地域资源环境承载力、现有开发强度和未来发展潜力进行综合评价，确定地域的首要功能（樊杰，1997；马海涛，2015）。主导功能不仅受自身资源环境条件的限制，还要考虑地域发展的外部环境。强调地域主导功能有利于抓住区域发展的主要矛盾，合理布局区域产业经济空间。将主体功能区划分为优化开发区、重点开发区、限制开发区、禁止开发区四种基本类型（见表5-1），并明确了各类型区的未来发展方向。这四种类型是主体功能区的基本形式，适用于不同层级的主体功能区划，为制定科学的区域发展战略指出了基本方向。

表5-1　　　　　　　主体功能区的主要类型及内涵

功能区	内涵	发展方向
优化开发区	开发密度较高，资源环境承载力有减弱的趋向，是经济高度集聚和人口高度稠密的地区	改变经济增长方式，把提高增长质量和效益放在首位
重点开发区	资源环境承载能力较强，未来发展潜力高，具有良好的经济和人口集聚条件	逐步形成支撑区域经济发展和人口集聚的重要载体
限制开发区	资源环境承载力较弱，未来发展潜力低，不具备大规模的经济和人口集聚条件	加强生态修复与环境保护，引导超载人口有序转移
禁止开发区	依法设立的自然保护区域或生态环境极脆弱的区域	依法实行强制性保护，严格禁止不符合主体功能的开发活动

资料来源：《全国主体功能区规划》（国发〔2010〕46号），2010年。

2. 山东主体功能分区划分

根据山东省主体功能区规划，按照开发方式将全省分为优化开发区、重点开发区、限制开发区和禁止开发区。其中限制开发区主要包括农产品主产区和重点生态环境功能区。禁止开发区主要包括自然保护区，世界文化遗产、世界自然遗产，风景名胜区，重要湿地，森林公园，地质公园和重点文物保护单位，点状分布于优化开发、重点开发、限制开发三类区域。因此以县域为基本单元，把山东的县域划分为优化开发区、重点开发区、农产品主产区和重点生态环境功能区四大类（见表5-2）。

表5-2　　　　　山东县域单元主体功能区分类　　　　　单位：个

主体功能区	县（县级市）	数量
优化开发区	胶州市、即墨市、广饶县、龙口市、莱州市、招远市、寿光市、荣成市	8
重点开发区	章丘市、桓台县、滕州市、诸城市、邹城市、新泰市、莒南县、齐河县、茌平县、邹平县、巨野县、东明县	12
农产品主产区	平阴县、济阳县、商河县、平度市、莱西市、高青县、莱阳市、栖霞市、海阳市、昌乐县、青州市、安丘市、高密市、昌邑市、微山县、鱼台县、金乡县、嘉祥县、汶上县、泗水县、梁山县、宁阳县、东平县、乳山市、莒县、沂南县、郯城县、兰陵县、临沭县、宁津县、庆云县、临邑县、平原县、夏津县、武城县、乐陵市、禹城市、阳谷县、莘县、东阿县、冠县、高唐县、临清市、惠民县、阳信县、无棣县、博兴县、曹县、单县、成武县、郓城县、鄄城县、定陶县	53
重点生态环境功能区	沂源县、垦利县、利津县、长岛县、蓬莱市、临朐县、曲阜市、肥城市、五莲县、沂水县、费县、平邑县、蒙阴县	13

资料来源：《山东省主体功能区规划》（鲁政发〔2013〕3号），2013年。

二　生态安全格局特征

1. 生态敏感性评价

山东全省陆地面积约15.7万平方千米，为全国的1.6%，近海域面积17万平方千米。总的地形特征是中部高，四周低，地形种类多样，山地约占陆地总面积的15.5%，丘陵占13.2%，洼地占4.1%，湖泊占4.4%，平原占55%，其他占7.8%。海岸线全长3345千米，沿海有天然港湾20余处。

通过对山东半岛城市群的地形、地貌、地势、水源地、保护区、土地覆被等要素进行分析,可以发现山东半岛城市群生态极高敏感性和高敏感性地区主要集中在鲁中山地地区、半岛丘陵地区、东部及北部沿海的湿地浅滩地区,这些地区对城市群的可持续发展具有重要的生态系统服务功能;中等敏感性和较低敏感性地区主要集中在鲁北农产品主产区、鲁西南农产品主产区、东部沿海农产品主产区,主要为城市群乃至全国经济发展提供粮食安全和基本生态保障功能。低敏感性地区主要是城市发展区,广泛分布在沿海和内陆平原地区的城镇节点,为城市群的发展提供经济发展载体功能。

2. "两屏三带四区"的生态安全战略格局特征

目前,山东半岛城市群已经初步形成了以"两屏三带四区"为主体的生态安全战略格局。在城市群东部沿海和鲁中山区形成了两大生态屏障框架,沿黄河保护带、沿海保护带和南水北调保护带形成了城市群的重要绿色生态廊带,黄河三角洲高效生态经济区、鲁东低山丘陵生态经济区、鲁中山地丘陵生态经济区、鲁西平原现代农业生态经济区则形成了四大生态经济区。所以,山东半岛城市群目前已经形成了以生态屏障为骨架、现代生态经济区为主体、生态类保护区域为支撑、点状分布的禁止开发区域为重要组成的生态安全战略格局。

三 环境质量现状与特征

1. 工业废水排放与处理

40年来,山东半岛城市群废水排放总量出现大幅增长。1981年山东半岛城市群的工业废水排放量为8.77亿吨,随后逐年快速增长,2010年达到峰值,为20.82亿吨,随后逐年递减,2017年降低到14.56亿吨。1981年山东半岛城市群的工业废水排放总量为8.76亿吨,在波动中呈上升趋势,2000年增长到11.03亿吨,然后呈现逐年快速增长,2010年达到峰值为20.82亿吨,随后逐年递减,2017年降低到14.56亿吨(见图5-1)。生活污水排放量呈现快速增长趋势,1981年,生活污水排放量为1.71亿吨,仅为工业废水排放总量的19.50%,随后呈现较快增长,1999年生活污水排放量与工业废水排放总量基本持平，2010 年后，呈现快速增长趋势，2015 年达到峰值 36.47 亿吨，随后略有降低，2017 年达到 35.42 亿吨，是同期工业污水排放量的 2.43 倍。

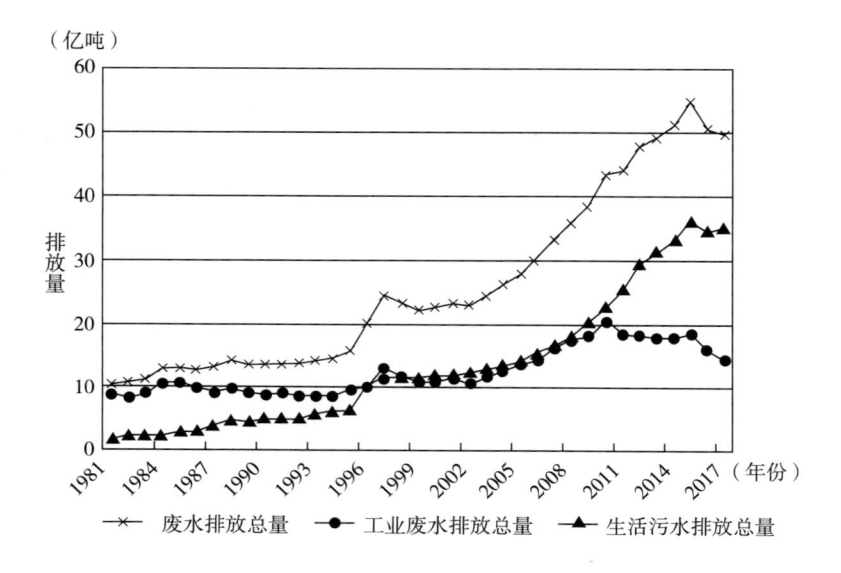

图 5-1　山东半岛城市群工业废水排放总量（1980—2017）

资料来源：历年《山东统计年鉴》。

2017 年山东半岛城市群废水排放总量为 49.99 万吨，其中工业废水排放量为 14.56 亿吨，生活废水排放量为 35.42 亿吨，分别占 29.13% 和 70.85%。在各大城市中，青岛市废水排放量最大，为 5.34 亿吨，占整个城市群的 10.69%；前五名依次是青岛、潍坊、临沂、济宁、济南，后五名为莱芜、日照、威海、枣庄和泰安。工业废水达标排放率普遍较高，平均值为 98.65%，其中淄博、东营、烟台、威海和日照达标率为 100%，德州和滨州较低，分别为 93.18% 和 96.29%，低于城市群平均水平（见图 5-2）。

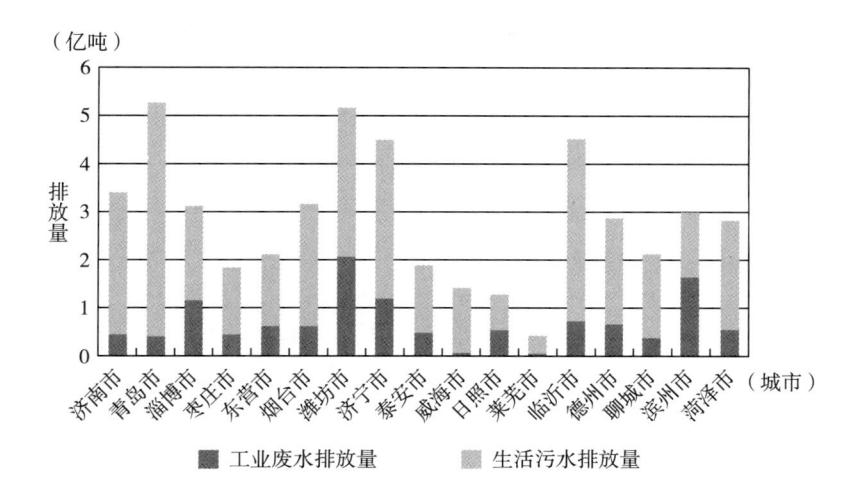

图 5-2　2017 年山东半岛城市群工业废水排放达标率

资料来源：《山东统计年鉴 2018》。

2017 年城市群化学需氧量排放总量为 52.08 万吨，其中工业化学需氧量排放 6.59 万吨，生活化学需氧量排放 42.46 万吨，分别占12.65% 和 81.53%。在各大城市中，菏泽市化学需氧量排放量最大，为 6.14 万吨，占整个城市群的 11.79%；其次是临沂市和济宁市，分别占到整个城市群的 10.35% 和 10.31%。东营市排量最小，为 0.85 万吨，占整个城市群的 1.63%。生活化学需氧量排放量明显大于工业化学需氧量排放，各个城市工业和生活化学需氧量排放量比重有较大差别（见图 5-3）。

2017 年城市群氨氮排放总量为 7.99 万吨，其中工业氨氮排放0.47 万吨，生活氨氮排放 7.49 万吨，分别占 5.88% 和 93.74%。在各大城市中，临沂市氨氮排放量最大，为 9963 吨，占整个城市群氨氮排放总量的 12.47%；菏泽、济宁、潍坊、德州排在前列，东营市排量最小，为 1101 吨，东营市氨氮排放总量占整个城市群氨氮排放总量的 1.38%。各城市氨氮排放以生活氨氮排放为主（见图 5-4）。

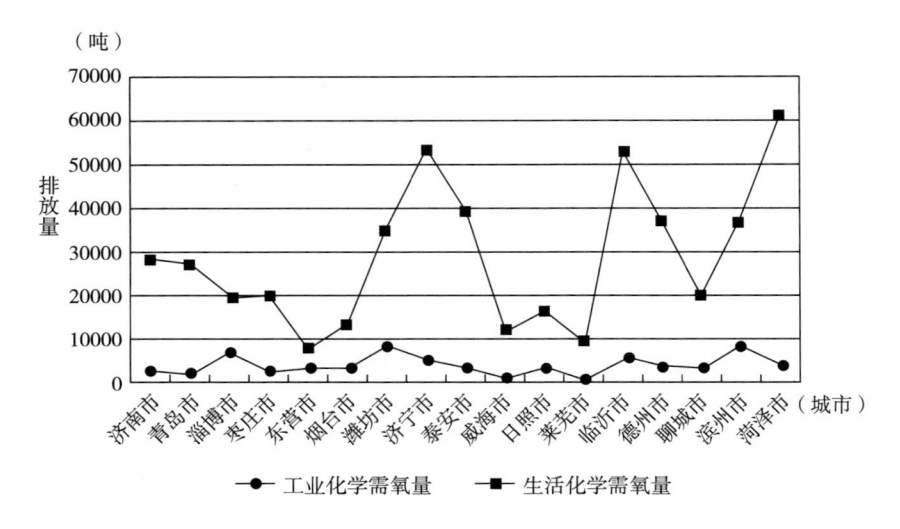

图 5-3　2017 年山东半岛城市群化学需氧量排放量构成

资料来源：《山东统计年鉴 2018》。

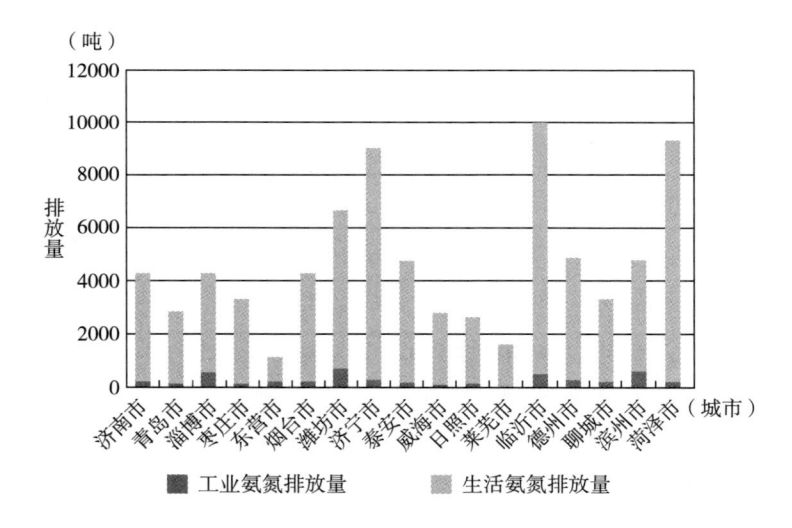

图 5-4　2017 年山东半岛城市群氨氮排放量构成

资料来源：《山东统计年鉴 2018》。

2. 工业废气排放与处理

山东半岛城市群工业二氧化硫总体呈现出倒 U 形增长趋势，

1981年山东半岛城市群的二氧化硫排放总量为119万吨,1990年增长到193万吨,1997年达到峰值247万吨,随后在波动中下降,2000年为180万吨,2010年为154万吨,2017年降至历史最低值74万吨(见图5-5)。氮氧化物排放量呈现下降趋势,从2011年的179万吨下降到2015年的142万吨,2017年降至116万吨。烟粉尘排放量从1981年的77万吨增长到1993年的135万吨,随后开始陆续下降,2011年达到最低值39万吨,接着开始反弹,2014年排放量回升至峰值121万吨,随后开始回落到2017年的87万吨。

图5-5 山东半岛城市群工业二氧化硫、氮氧化物和工业烟粉尘排放量(1981—2017)

资料来源:历年《山东统计年鉴》。

2017年山东半岛城市群烟粉尘排放总量为54.95万吨,其中工业烟粉尘排放量37.08万吨,生活烟粉尘排放量12.73万吨,工业烟粉尘排放量是生活烟粉尘排放量的2.91倍。在各大城市中,莱芜市烟尘排放总量最大,为6.08万吨,占整个城市群的11.06%,其次为临沂市、淄博市和滨州市,分别占城市群的10.94%、10.77%和7.42%;排在后五名的城市分别为东营、威海、枣庄、聊城和泰安,东营最小,占城市群的0.84%(见图5-6)。

2017年山东半岛城市群二氧化硫排放总量为73.91万吨,其中工业二氧化硫排放量49.27万吨,生活二氧化硫排放量24.62万吨。在各城市中,淄博市二氧化硫排放总量最大,为9.77万吨,占整个城市群的13.22%,其次为滨州市、临沂市、烟台市和德州市,分别占城市群的11.14%、9.19%、7.03%和6.90%;排在后五名的城市分别为青岛市、枣庄市、威海市、泰安市和莱芜市,青岛市最小,占城市群的2.10%(见图5-6)。

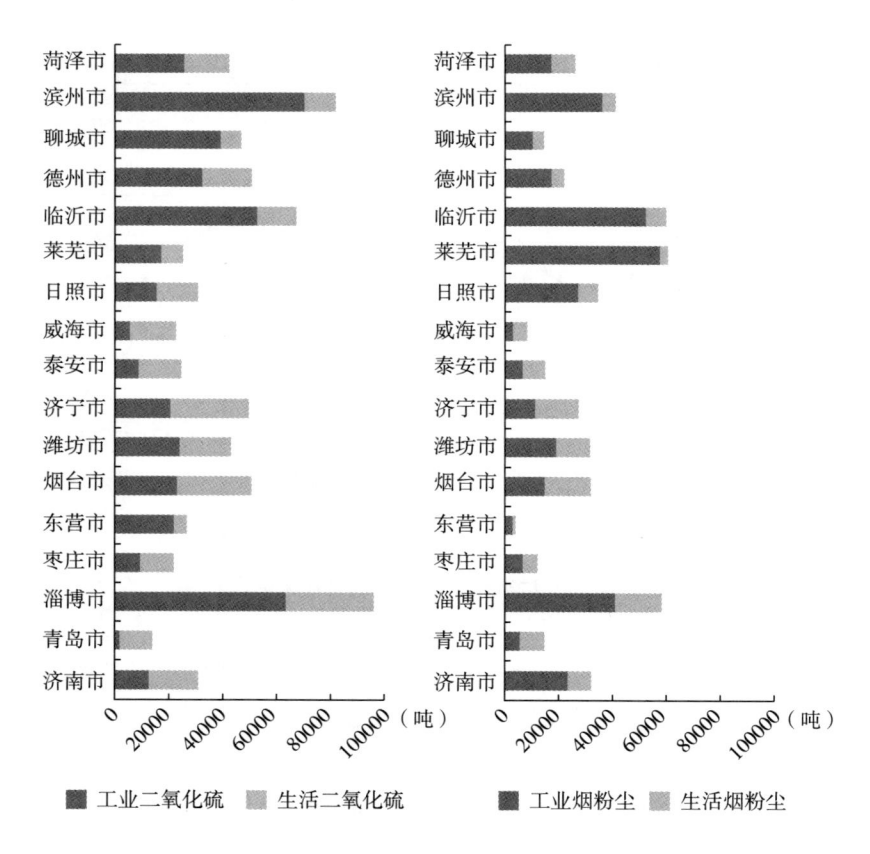

图5-6 2017年山东半岛城市群二氧化硫、烟粉尘排放量结构对比

资料来源:《山东统计年鉴2018》。

3. 工业固体废弃物排放与处理

1981年以来，山东半岛城市群工业固体废弃物排放总量出现大幅增长。1981年山东半岛城市群的工业固体废弃物排放总量为2522万吨，1990年增长到3880万吨，2000年增长到5407万吨，2010年为16038万吨，2017年增长到23925.4万吨，30多年增长了8.49倍（见图5-7）。工业固体废弃物的综合利用率也实现了显著提升，从1981年的25.33%增长到2017年的79.52%。

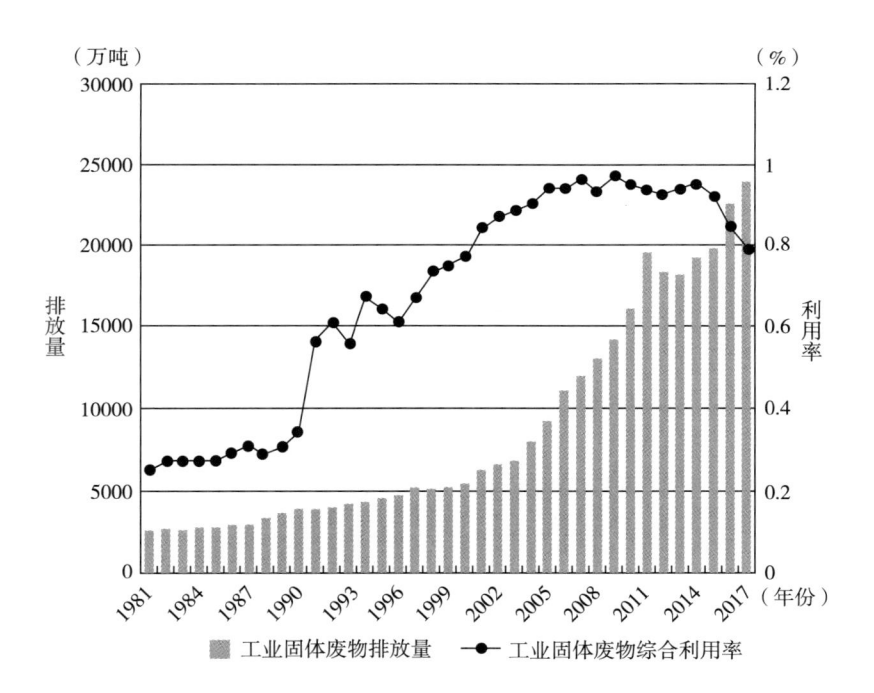

图5-7 山东半岛城市群工业固体废弃物排放量和综合利用率（1981—2017）

资料来源：历年《山东统计年鉴》。

2017年在各城市中，滨州市工业固体废弃物排放量最大，为5078.2万吨，占整个城市群的21.23%，其次为烟台市、聊城市、临沂市，分别占城市群的9.16%、8.57%和8.40%；排在后五名的城市分别为威海市、东营市、菏泽市、日照市和枣庄市，威海最小，占城市群的 1.33%（见图 5-8）。工业固体废弃物的综合利用率平均值为 79.52%，其中莱芜市、泰安市、菏泽市、济宁市均在 95% 以上，滨州市、聊城市、烟台市和日照市在平均水平以下（见图 5-9）。

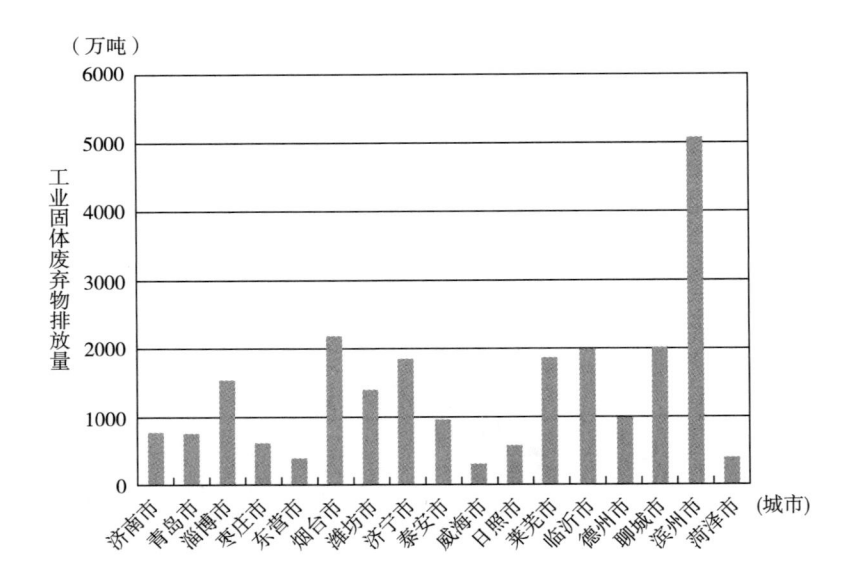

图 5-8　2017 年山东半岛城市群工业固体废弃物排放量

资料来源：《山东统计年鉴 2018》。

4. 植树造林

从 2013 年造林情况来看，城市群共造林 125393 公顷，其中滨州市造林面积最大，为 15847 公顷，占城市群造林总面积的 12.64%，其次是菏泽市、德州市、济南市、青岛市，分别占城市群造林面积的 12.32%、9.62%、8.48% 和 7.69%。威海市造林面积最小，为 2416 公顷，占城市群造林总面积的 1.93%（见图 5-10）。

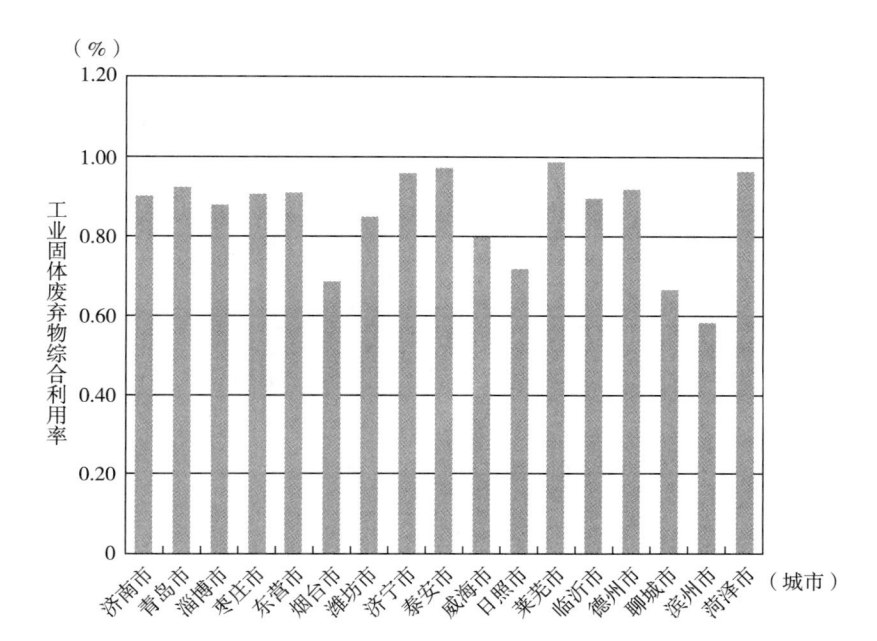

图 5-9　2017 年山东半岛城市群工业固体废弃物综合利用率

资料来源：《山东统计年鉴 2018》。

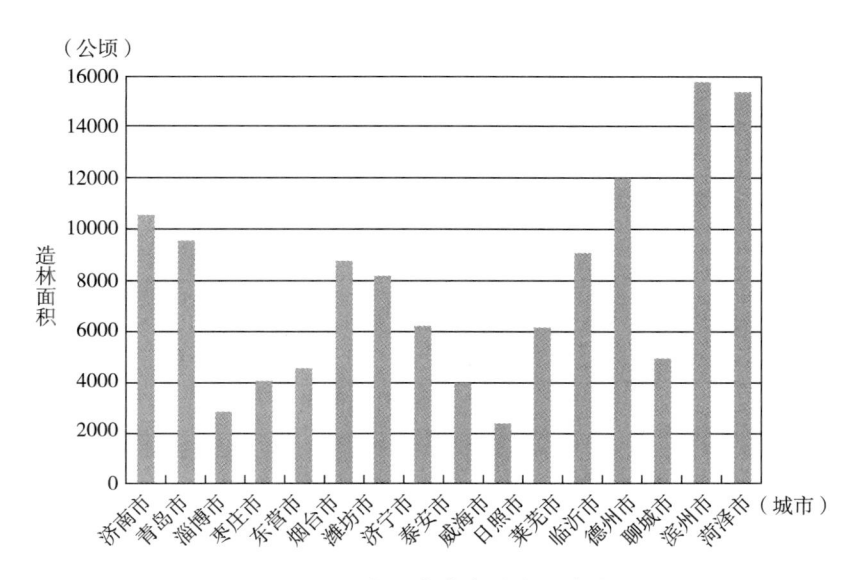

图 5-10　2013 年山东半岛城市群造林面积

资料来源：《山东统计年鉴 2018》。

5. 湿地的保护与开发

从 2013 年湿地面积来看，城市群共有湿地面积 1737.5 千公顷，其中东营市湿地面积最大，为 456.77 千公顷，占城市群湿地总面积的 26.29%，其次是潍坊市、烟台市、滨州市和济宁市，分别占城市群湿地面积的 12.41%、10.29%、10.15% 和 8.77%。莱芜市和淄博市面积最小，分别为 0.33% 和 0.78%。人工湿地的面积在一定程度上可以反映出当地对生态环境的保护力度，山东半岛城市群 2013 年共有人工湿地 634.45 千公顷，其中滨州市人工湿地面积最大，占城市湿地面积的 59.04%，其次是德州市和济宁市，分别占城市湿地面积的 55.78% 和 55.46%（见图 5-11）。

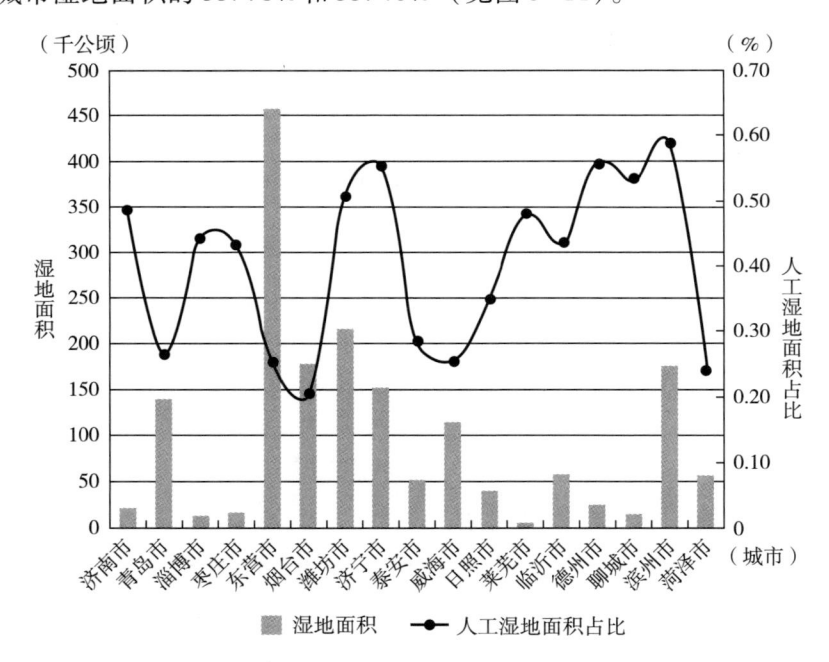

图 5-11　2013 年山东半岛城市群湿地面积与人工湿地面积占比

资料来源：《山东统计年鉴 2018》。

四　资源环境总体特征

1. 水资源短缺，水环境问题突出

山东半岛城市群河流比较发达，境内湖泊交错，水网密布，分

属黄河、淮河、海河、小清河及山东半岛水系。全省平均河网密度为 0.24 千米/平方千米。长度在 5 千米以上的河流有 5000 多条，有 70 多条为干流和一级支流。年径流深的分布趋势与降水量一致，从东南向西北递减。城市群各地年径流量年际变化大，丰水年与枯水年水量相差悬殊，且平原地区年际变化大于山区，年际极值比达 11 倍之多。

山东省多年平均水资源总量为 303 亿立方米，仅占全国水资源总量的 1.09%；人均水资源占有量为 334 立方米，约为全国人均占有量的 1/6，居全国倒数第 3 位。山东半岛城市群范围内水环境质量总体状况较差，全区废水年排放总量超过 40 亿吨。地下水过度开发造成了地下水漏斗、地面沉降、海（咸）水入侵。省控湖泊富营养化较为严重。近岸海域普遍受到无机氮及活性磷酸盐的污染，局部海域存在化学需氧量和石油类超标现象。

2. 资源环境压力较大，碳减排任务艰巨

山东是能源生产和消费大省，受资源禀赋等因素影响，长期以来能源消费结构单一，煤炭和原油占一次能源消费的 98% 以上，特别是煤炭消费占 80% 左右。"十三五"期间，大力实施能源"四增两减"工程，通过"外电入鲁"、发展清洁绿色能源、压减煤炭产能等方式，推动能源结构调整，目前，煤炭占能源消费总量的比重仍占 67% 左右，煤电占全社会用电量的比重为 66% 左右，碳排放总量在全国仍在前列。

2020 年，山东优良天数比例为 69.1%，重污染天数为 8.8 天。全省环境空气质量状况为细颗粒物（PM2.5）、可吸入颗粒物（PM10）、二氧化硫（SO_2）、二氧化氮（NO_2）、臭氧（O_3）、一氧化碳（CO）浓度分别为 $46\mu g/m^3$、$80\mu g/m^3$、$12\mu g/m^3$、$32\mu g/m^3$、$172\mu g/m^3$ 和 $1.4mg/m^3$。水环境质量状况中，2020 年，国控地表水考核断面优良水体比例为 73.5%，水环境质量指数排名前三位的为泰安、威海、济南；排名后三位的为滨州、东营、潍坊。空气质量、饮用水安全和水生态仍然面临较大压力。

矿产资源消耗量远大于新增储量，城市群 45 种主要矿产中，有 33 种不能满足经济发展的需要，2/3 的国有矿山面临着资源枯竭。城市群土地利用率达到 90%，远高于全国 72.6% 的平均水平，对土地资源的生产力造成一定影响。严峻的环保压力，制约着一些地区的产业选择，产业结构和空间结构调整的压力很大。

3. 生态比较脆弱，水土流失、盐渍化严重

水土流失严重，造成河道、湖泊淤积，加剧了下游地区的洪涝灾害。土壤的盐渍化也非常严重，目前城市群盐渍化土地总面积 140.06 万公顷，占土地总面积的 8.92%，主要分布在鲁西和鲁北滨海地区。湿地面积萎缩，城市群湿地总面积为 173 万公顷，其中天然湿地面积为 110 万公顷，人工湿地 63 万公顷，人工湿地的面积增长较快。水土流失严重，再加上土壤盐渍化、土地沙化、森林覆盖率低等因素，使得全省生态脆弱区域面积较大，生态系统功能退化。

第三节 环境治理和生态修复的经验借鉴

山东聚焦解决生态环境突出问题，坚决打好蓝天、碧水、净土污染防治攻坚战。加强顶层设计，制定了"1+1+8"系列文件，明确了打好污染防治攻坚战的路线图和施工图。三年来，各部门各地区协同作战、齐抓共管、实干攻坚，山东省生态环境质量明显改善，污染防治攻坚战成绩显著。在污染治理的过程中，山东创新工作方法和思路，逐渐探索出了小流域"治用保"综合治污模式、泰山区域山水林田湖草生态保护修复工程等，形成了一批可复制、可推广的有效经验。

一 "治用保"流域治污体系

"治用保"流域治污体系就是坚持水陆统筹、河海兼顾，系统推进全过程水污染防治、水资源节约与循环利用、流域生态保护与

恢复的整体治污思路。"治"即污染防治，实施全过程水污染治理，加强工业点源污染、农业面源污染、生活污水的污染防治。"用"即循环利用，构建再生水循环利用体系，推进工业企业和城镇再生水循环利用。"保"即生态保护和修复，加强自然湿地保护，建设人工湿地和生态河道，加强水体保护，提升水环境承载力。"治用保"小流域系统治污思路，就是做好减法和加法两篇大文章，通过"治"和"用"，减少污水的排放；利用"保"，建设人工湿地等措施，增加水环境自我净化能力，统筹水资源、水环境、水生态，统筹污染治理和水生态修复，这是系统治污的策略。

位于山东省西南部微山县境内的南四湖，面积1266平方千米，是南水北调东线工程重要的输水廊道和调蓄湖泊。在20世纪80年代末90年代初，随着工业化和城镇化的发展，产生大量工业废水、生活污水、农田回流水和畜禽及水产养殖非工业点源废水，入湖河水水质严重超标，使南四湖的生态环境受到了严重破坏，一直名列全国大型湖泊污染前三位，被称为"酱油湖"。自2002年开始，在"治用保"流域治污策略的指导下，济宁市及微山县启动南四湖综合整治工程。

深入"治"，严格治理工业污染、城镇污水污染和农业面源污染，全面实施污染防治。关停重污染企业，加强对重点企业的环保改造提升。对工业企业执行了全国最为严格的污水排放标准——地表水环境质量的Ⅲ类水标准。加大投入，建设城镇污水处理设施，形成污水处理能力30万吨/天，基本实现县域污水全部进厂治理并达标排放。全面开展面源污染综合整治，禁养区养殖场、养殖专业户完成关闭搬迁。着力降低化肥使用量，大力推广减肥增效技术，降低农药使用量。突出"用"，鼓励工业企业再生水循环利用。建设了微山县中水回用工程，将经县城污水处理厂和湿地公园处理后的达标中水引入支渠，利用节制闸实现层层拦蓄，然后经河道沿岸灌溉回归工程回用于农业灌溉、城市景观和园林绿化等。完善"保"，开展生态修复工程建设。开展南四湖自然湿地修复和人工湿地生态修复工程建设，累计将7000余亩非法圈圩水域恢复原貌，保护修复两处自然生态湿地，并建设新薛河、大沙河等7处人工湿地。建成人工湿地6万余亩，保护修复原始生态湿地10万亩，增加生态涵养林1.67万亩，形成"环南四湖生态屏障"。全面"控"，创新河湖管理机制。高标准编制《南水北调东线（济宁段）水质提升暨南四湖流域生态保护与修复规划》，突出规划强有力引导作用。确立严格排放标准，根据下游河流断面的要求，倒逼提标升级。对境内53条入湖河流实行县、镇、村三级河长制，全面落实河流保护管理责任。依托智慧河湖长信息管理系统和河流水质自动在线监控系统等大数据平台，实施重点河湖加密监控。按照"一河一策"要求，对水质不稳定的断面逐一进行诊断，对"治用保"各环节进行梳理，逐一查漏补缺，实现了行政辖区内"治用保"体系的全覆盖。

二 泰山区域山水林田湖草生态保护修复

作为全国第二批山水林田湖草生态保护修复试点地区之一，泰山区域山水林田湖草生态保护修复工程划分为泰山生态区、大汶河—东平湖生态区和小清河生态区三个片区。泰山生态区以生物多样性恢复和地质灾害防治为主，强化山体的水土保持及水源涵养能力，增强雨水下渗功能。大汶河—东平湖生态区以水生态环境和矿山生态环境修复、保护以及土地保护为主，恢复受损矿山生态环境，强化地质灾害防治。小清河生态区以泉域生态修复保护和破损山体修复为主，完成破损山体生态修复，消除地质灾害隐患，强化土地整理工作，强化山体的水土保持及水源涵养能力。目标是将泰山大生态带打造成"山青、水绿、林郁、田沃、湖美"的生命共同体。

泰山生态区坚持修山、治污、增绿、整地、扩湿并举，着力构建完善生态系统修复、保护、管理"三位一体"的体制机制。修山，挺起"山之脊"，加强泰山、徂徕山的生态保护，划定山体保护红线，制定山体保护规划，保护山体自然形态和生态景观，采取矿山地质环境修复、地质灾害防治、地质公园与地质遗迹保护；治污，净化"水之源"，进行水体生态修复及人工湿地建设工程、水源地保护工程，完善"治用保"治污体系，加强饮用水水源保护区内违章建筑清理，使大汶河水质得到了很好的改善，确保东平湖水质稳定达标；增绿，保护"林之肺"，稳定和扩大泰山山区森林，进行人工种植、封山育林，开展引水上山工程，满足防火、生产生活、旅游服务等多重需求；整地，增厚"田之肌"，通过土地整治和工矿废弃地复垦利用，实施采矿塌陷地治理工程和矿山废弃工矿地治理，强化土地整理工作，试点建设"收转用"的农业废弃物综合利用模式，改善耕地配套设施，增加土地指标收益；扩湿，调节"湖之肾"，围绕东平湖大生态带，规划实施环湖地质环境、土地整治、水环境、保护生物多样性。针对山岳型景区治污普遍面临"污水难治、用水不足"的难题，即山上铺设污水管网难度大和山上用水多为山下引入、成本高的问题，泰山景区管委会采用分散式处理模式收集处理污水，通过立式滤布滤池处理和菌种反应使出水达到国家一级 A 排放标准。同时，建设中水回用系统，将处理后的污水用于山上绿化、冲厕等，有效破解了泰山排污难题。泰安市抓住实施山水林田湖草生态保护修复工程的契机，重点推进泰山石整治，按照"禁采、禁售、禁运、禁存"的要求整治泰山石乱象，有效保护了泰山山体，显著改善了泰山区域的生态环境。通过实施泰山区域山水林田湖草生态保护修复工程，泰山生态区生态系统受损严重，区域内点源面源污染、水质不达标、水土流失严重、生态脆弱等问题得到了有效整治，泰山区域生态环境得到极大的提升。

泰山区域山水林田湖草生态保护修复工程改变了过去"头痛医头、脚痛医脚"的治理模式，山川、林草、湖沼存在无数相互依存、紧密联系的有机链条，牵一发而动全身。通过系统恢复治理，形成了"一山两水、两域一线"（泰山、大汶河、小清河；淮河流域、黄河流域和交通干线）总体布局。针对区域内生态环境问题和生态功能导向，全方位、全地域系统推进水环境保护与整治，矿山环境修复，水土流失治理，生态系统与生物多样性保护，土地整治与土壤改良五大类工程。这些工程的实施在很大程度上克服了以往"管山不治水、治水不管山、种树不种草"的单一生态保护修复模式，由"单一治理"向"全局治理"转变，实现山水林田湖草生态系统修复和治理。为今后全方位、全地域、全过程开展生态文明建设积累了经验。

第四节 环境污染治理和生态安全格局的实施路径

一 打好污染防治攻坚战

要实施精准科学依法治污，纵深推进蓝天、碧水、净土保卫战（丁雯，2021）。要进一步加大对重点地区、秋冬时段的大气污染防治工作，打赢蓝天保卫战，优良天气天数进一步提高。要突出冬季精准治霾，重点解决冬季清洁取暖、工业排放和机动车超标排放等问题。继续推进煤改气和煤改电工程，加大散煤治理力度，淘汰小型供热燃煤锅炉。要统筹推进大气污染防治和应对气候变化，基本消除重污染天气。山东将加强细颗粒物和臭氧的协同控制、挥发性有机物和氮氧化物协同治理，使老百姓享受更多蓝天白云、繁星闪烁，提升整体气质。

加快水污染的点源污染防治，统筹水环境、水生态、水资源、水安全和岸线等多方面的有机联系，加强流域和近海海域的综合治理。进一步强化河长制、湖长制、湾长制，深入开展污染减排和人工湿地建设，打造美丽河湖。"十四五"时期河湖长制和河湖管理保护工作要实现监管方式从行业监管为主向行业监管和社会监督并重转变，监管重点从重视大江大河向大中小河流并重转变，监管内容从河湖治乱向幸福河湖建设转变。在巩固黑臭水体治理成果的基础上，进一步提高城镇污水处理水平和垃圾设备运行效率。要加强重点饮用水水源的安全保护，加强水运输过程的监管，实行水源地到水龙头的全过程无断点的督察，保障居民有干净、清洁的饮用水。山东的海岸线全长3024.4千米，大陆海岸线占全国海岸线的1/6，近海海域的治理至关重要。要加大环境安全隐患检查力度，要有效预防和妥善处置如沿海地区陆源溢油风险、危险化学品企业等的突发环境事件，加强沿海地区环境风险防控。要全面提高资源利用效率，落实国家节水行动，建立水资源刚性约束制度，提高水资源集约安全利用水平。坚持"以水定城、以水定地、以水定人、以水定产"，严守用水总量和用水效率红线，用水总量和用水强度双控。制定《山东省节约用水条例》，通过制定和修改完善规划和建设项目水资源论证、取水许可、计划用水、节水评价等方面的制度规定，为水资源节约集约利用提供法律保障。

加强农用地、工业用地的土地污染防治与修复工作。开展土壤污染状况调查，在综合掌握污染现状的基础上，实施土壤分级分类管理。全面治理农业面源污染，减少化肥和农药的使用量，加大畜禽养殖废弃物和农作物秸秆的循环利用。山东作为全国的农业大省，要在提供健康的"米袋子"和安全的"菜篮子"方面起到引领作用。同时，加强废弃工矿用地的修复和治理，可选择有条件的区块进行农业蔬菜大棚改造等。

二 持续推进"四减四增"

要强化源头管控，加快优化能源结构、产业结构、交通运输结构、农业投入结构（李晓华，2013；刘经纬，2021）。"十三五"期间，山东半岛城市群生态环境质量持续改善，但以重化工为主的产业结构和以煤为主的能源结构没有根本改变，环境污染和生态保护所面临的严峻形势没有根本改变，环境事件多发频发的高风险态势没有根本改变，需要从源头上破解环境治理中的结构性矛盾，要持续推进"四减四增"。

产业结构方面，坚定不移地推进新旧动能转换，坚决淘汰落后产能、过剩产能化解和违法违规产能清理，加快高耗能产业的转型升级，对传统产业实施绿色化改造提升，提高产业集中度，优化产业布局。大力发展节能环保产业，壮大绿色产业规模。

能源结构方面，探索将清洁取暖改造扩大到全省，持续压减煤炭消费，加快外电入鲁步伐，发展清洁绿色能源、压减煤炭产能等方式，推动能源结构调整，按照规划，到2035年，山东要实现煤电发电量、省外来电电量和省内新能源与可再生能源发电量各占社会总用电量的比重均达到1/3，"十四五"时期，以绿色低碳发展为主攻方向，到2025年年底，争取煤电占全社会用电量的比重和煤炭占能源消费总量的比重分别降到60%以下。

交通运输结构方面，着力压缩公路货物运输量，大幅度提升水路及铁路集疏港运量，减少柴油货车集疏港运量。利用"互联网+"高效物流等创新方式降低货车空驶率，着力实施公路运输绿色化改造。切实淘汰高排放柴油货车、加快铁路专用线建设，推进"公转铁"迈出实质性步伐，加大多式联运货物运输量，加快综合运输体系建设，发展智慧交通。

农业投入结构方面，在保证农产品产量的基础上最大限度减少化学品投入。降低化肥使用量，大力推广减肥增效技术，强化测土配方施肥技术应用。重点降低农药使用量，研发和推广应用残留低的农药。提高农膜回收率，推进农膜回收综合利用工作。大力推进有机肥替代化肥行动，提高农产品质量。大力提升有机肥规模化生产能力。

三 优化国土空间开发保护格局

通过资源环境承载能力和国土空间开发适宜性评价，划定严格生态保护空间和适宜开发空间。高水平的国土空间布局是高质量发展的重要支撑。要深入实施主体功能区战略，按开发方式将主体功能区分为胶州半岛、黄河三角洲2个国家级和1个省级优化开发区；济南都市圈、鲁南经济带2个省级以及1个国家级重点开发区；鲁北、鲁西南和东部沿海3个限制开发区和鲁中南山地生态经济区、东部沿海生态经济区等重点生态功能区，部分呈点状分布的生态禁止开发区。在此基础上，逐步形成以城市化地区为主体形态，以农产品主产区、生态功能区为支撑，区域协调、陆海统筹、城乡融合的国土空间格局。

建立"三线一单"空间管控体系，即构建包括生态保护红线、环境质量底线、资源利用上线和生态环境准入清单生态环境分区管控制度体系，守住自然生态安全边界（夏光，2012；黄勤，2015；许闯胜，2021）。严格执行《山东省生态保护红线规划（2016—2020年）》划定的管控边界，红线区内生态系统主要划分为森林、湿地、草地和农田四大类，生物多样性维护、水源涵养、土壤保持、防风固沙4种功能类型。要分区分类设置环境准入条件，为各地加强生态环境保护和推动产业结构调整提供有针对性的指导，为政策制定、规划编制、执法监管等提供空间管控基础。建立"三线一单"评估调整机制，确保"三线一单"应用落地。根据国土空间规划整合各类用途管制依据，对耕地、林地、河流、湖泊、湿地、海域、无居民海岛等所有国土空间用途或功能进行监管，实现国土空间用途管制范围、要素和类型全覆盖。

四 积极探索"无废城市"实施路径

"十四五"时期将普遍实行以法治为基础、政府推动、全民参与、城乡统筹、因地制宜的生活垃圾分类和资源化利用制度，确保到2025年年底，所有设区城市基本建成生活垃圾分类处理系统，全省50%以上的县（市、区）基本建成城乡生活垃圾分类示范县。推进生活垃圾的减量化、资源化、无害化，实现垃圾分类处置全覆盖。推进城镇环境基础设施建设升级，加快建立分类投放、分类收集、分类运输、分类处理的生活垃圾管理系统，实现生活垃圾分类制度的有效覆盖（李玉爽，2021；谭志雄，2021）。鼓励使用再生利用产品及原材料，限制一次性产品和过度包装，减少不合理消费。加大对资源转化技术、绿色生产技术的研发，加大绿色新技术的推广和应用，提高绿色新产品的有效供给。推广使用塑料替代产品，加大可循环、可降解、安全性材料研发和生产，大幅减少塑料垃圾填埋量。推进可循环快递包装应用、规范快递包装废弃物回收和处置。做好餐厨垃圾资源化利用和无害化处理，促进餐饮垃圾向农业肥料资源和工业热能转换。引导消费者适度消费、理性消费，不倡导攀比、炫耀心理的奢靡浪费消费行为。

五 形成生态保护修复长效制度

加快构建生态保护修复制度体系。山东要按照生态文明体制改革总体方案要求，深入探索自然资源资产产权制度、国土空间开发保护制度、资源总量管理和全面节约制度、资源有偿使用和生态补偿制度、生态文明绩效评价考核和责任追究制度等有利于生态系统保护修复的制度体系，构建完善的生态系统修复、保护和管理"三位一体"的体制机制（靳乐山，2018；马本，2020；欧阳志云，2020）。对工程实施和推进，制定配套政策措施，建立稳定持续的资金机制，建立工程台账，强化绩效评估和考核，形成生态保护修复长效制度（张瑞，2010；顾钰民，2013）。目前环保法规的执行力往往比较薄弱，监管体系也不完善，原因在于地方干部执行政策和完善配套部门改革方面的激励不足。要在体制上改进地方政府考核机制，把生态环保指标纳入政府官员晋升的重要考核指标中。继续完善生态补偿机制，要尊重地域之间资源禀赋的差异性，实行区域不同的发展路径。

山水林田湖草是一个生命共同体，是相互依存、相互影响的大系统。遵从生态系统的整体性、系统性以及生态系统的内在规律，推进生态整体的保护、系统的修复、综合的治理。山川、林草、湖沼间相互依存、紧密联系，牵一发而动全身（王波，2020；郑艳，2020；王夏晖，2021）。统筹山水林田湖草系统治理，建立健全源头保护和末端修复治理机制；推进自然资源统一确权登记，为实现自然资源开发利用和保护监管提供有力支撑。加快建立分类科学、布局合理、保护有力、管理有效的以国家公园为主体的自然保护地体系，确保重要自然生态系统、自然遗迹、自然景观和生物多样性得到系统性保护，提升生态产品供给能力，维护国家生态安全（秦天宝，2020；丁姿，2021）。实施国土绿化攻坚行动，强化林长制体系，对森林、湿地等生态资源全方位管护。加强湿地保护修复，采取湿地生态补水、围堰蓄水、退耕还湿、植被覆被恢复、栖息地改造、污染综合治理、外来物种入侵控制等措施。加强生态脆弱河流和重点流域区域生态治理等工程建设，进行河湖系统生态保护修复，使得河湖水质得到持续改善。坚持修山、治污、增绿、整地、扩湿并重，实现"山青、水绿、林郁、田沃、湖美"的大生态格局。大力实施生态修复工程，围绕黄河沿线、京杭大运河、东平湖、南四湖、京津冀周边地区等重点区域，因地制宜地谋划实施一批重点工程，切实改善生态环境。

第六章　山东半岛城市群绿色低碳发展

2030年前实现碳达峰、2060年前实现碳中和的"双碳"目标，意味着能源、生产、交通、生活等社会发展方式的全方位绿色低碳转型。山东省作为全国能源消耗和实体经济大省，实现"双碳"目标面临巨大压力和挑战。受自身产业结构和能源结构特点影响，山东半岛城市群对气候变化政策更为敏感，需尽早明晰低碳发展路线图，科学制定发展规划，全局性构架，推动高碳能源转向低碳能源、从高碳产业转向低碳产业、从高碳经济转向低碳经济、从高碳社会转向低碳社会，实现经济社会发展全面绿色转型。本章介绍了山东半岛城市群能源供需状况、消耗强度、分行业能源消费量、各地级市的能耗强度；从全省、行业、能源类型、城乡、一次清洁能源等视角对二氧化碳排放量进行了测算；进而提出了山东半岛城市群绿色低碳发展提升路径。

第一节　山东半岛城市群能源消费情况分析

一　山东半岛城市群能源供需状况分析

（一）山东半岛城市群能源生产现状

如图6-1所示，山东半岛城市群一次能源生产以煤炭和石油为主，天然气、水电、风电和太阳能光伏发电生产量较低。从时间变化来看，一次能源生产总量、煤炭及天然气生产量自2012年达到顶峰后便开始下降，其中一次能源生产总量的峰值为16973.8万吨标准煤，煤炭和天然气生产量的峰值分别为 12528.16 万吨标准煤和 75.71 万吨标准煤。石油生产量自 2011 年便开始逐年下降，而水电、风电和太阳能光伏发电的生产量却呈逐年上升态势。

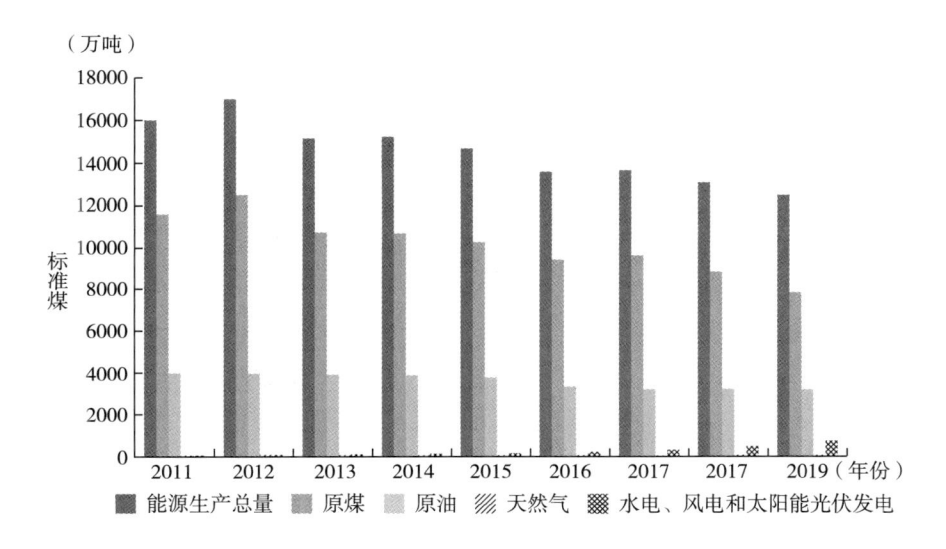

图 6-1　2011—2019 年山东半岛城市群一次能源生产量

资料来源：历年《山东统计年鉴》。

从山东半岛城市群和全国一次能源生产结构对比图中可以看出（见图 6-2），山东半岛城市群的煤炭生产占比和全国的煤炭生产占比相近，石油生产占比远高于全国平均水平，而天然气、水电、风电和太阳能光伏发电生产量占比远低于全国平均水平。通过对比可以发现，山东半岛城市群的一次能源生产结构中化石燃料占比较大。从年际变化来看，山东半岛城市群和全国的煤炭生产占比均呈下降趋势，2011—2017 年山东半岛城市群的煤炭产量占比下降幅度较小，2018 年和 2019 年山东半岛城市群的煤炭产量占比大幅下降，开始低于全国平均水平。2011—2019 年，山东半岛城市群的石油和天然气产量占比变化幅度较小，而全国的石油和天然气产量分别出现小幅的下降和上升。山东半岛城市群的水电、风电和太阳能光伏发电占比由 2011 年的 0.33% 增长至 2019 年的 5.92%，全国的水电、风电和太阳能光伏发电由 2011 年的 9.6% 增长至 2019 年的 18.8%。由此可见，2011—2019 年，山东半岛城市群和全国水电、风电和太阳能光伏发电等清洁能源的生产占比均出现大幅增长，这离不开我国近年来各级政府对水电、风能、太阳能等清洁能源开发的大力政策支持，也表明我国新能源产业的发展取得了显著的成效。就山东半岛城市群而言，近十年来其水电和太阳能光伏发电等清洁能源生产可谓实现了从无到有的飞跃。山东省出台了大量的新能源发展规划，如《山东省新能源产业发展规划（2018—2028年）》《山东省能源发展"十四五"规划》《山东省氢能产业中长期发展规划（2020—2030 年）》等，在当前密集出台新能源减排优惠政策的背景下，山东半岛城市群的清洁能源生产行业将迎来快速发展期，风电、光伏发电、核电、生物质能、地热能、海洋能等清洁能源均能得到有效的开发，助推山东半岛城市群能源结构往绿色、低碳、可持续的方向调整。

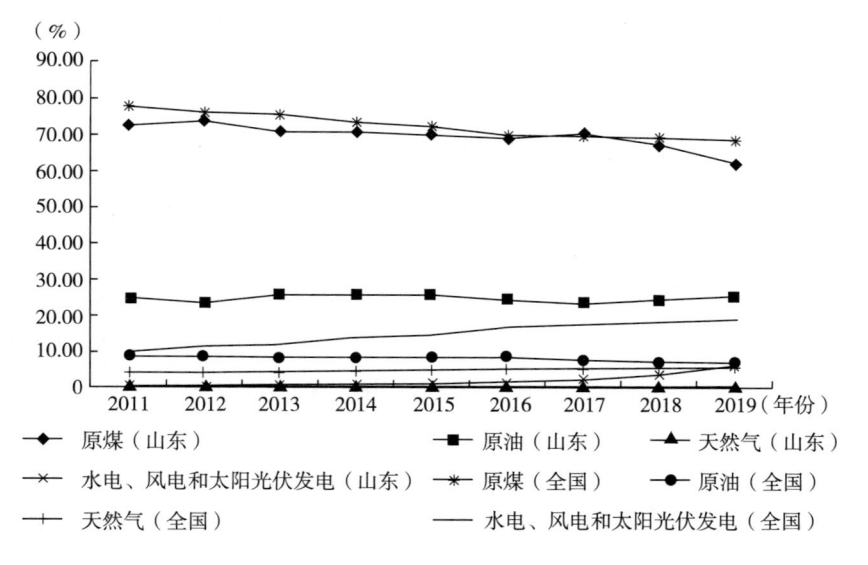

图 6-2　山东半岛城市群和全国一次能源生产结构对比

资料来源：历年《中国能源统计年鉴》、历年《山东统计年鉴》。

(二) 山东半岛城市群能源消费结构

山东半岛城市群的一次能源消费中以煤品和石油为主,其中煤品消费占比在一半以上。在国家和山东省节能减排政策的驱动下,"十三五"期间,山东半岛城市群煤炭在一次能源消费结构中的比重持续下降,由2015年的76.51%下降至2019年的67.28%,下降了9.23%(见表6-1),但煤炭在能源消费中仍占据着主导地位(荣蓉,2021)。石油消费占比呈波动上升的趋势,天然气和一次电力及其他能源消费持续上升,其中一次电力及其他能源(风电、光伏发电、核电等)消费占比上升最快,由2015年的6.13%上升至2019年的12.19%,增长了近一倍。由此可见,"十三五"期间,山东半岛城市群能源消费结构调整的速度较快,整体上得到了显著改善。

表6-1　　2015—2019年山东半岛城市群一次能源消费结构　　单位:%

年份	煤炭	石油	天然气	一次电力及其他能源
2015	76.51	14.72	2.65	6.13
2016	73.92	15.81	3.27	6.98
2017	72.7	16.15	3.79	7.36
2018	69.32	17.54	4.24	8.9
2019	67.28	15.52	5.01	12.19

资料来源:历年《山东统计年鉴》。

如表6-2和图6-3所示,2015—2019年山东半岛城市群与全国的一次能源消费结构在数量上仍存在一定的差距。2015—2019年,全国煤炭消费在一次能源消费中的占比下降了6.1%,低于山东半岛城市群煤炭消费占比的下降幅度,2019年山东半岛城市群煤炭消费在一次能源消费中的占比仍比全国高出近10%。"十三五"期间,山东半岛城市群的石油和天然气消费在一次能源消费中的占比均低于全国水平,变化情况与全国相似。值得注意的是,2015—2019年全国一次电力及其他能源（风电、光伏发电、核电等）消费在一次能源消费中的占比仅增长了3.3%，约为山东半岛城市群一次电力及其他能源（风电、光伏发电、核电等）消费占比增长量的一半，表明"十三五"期间，山东半岛城市群的风电、光伏发电、核电、生物质能、地热能、海洋能等清洁能源得到了较大发展，发展速度远高于全国平均水平，成为山东半岛城市群能源消费结构中替代煤品等传统能源的重要补充来源。

表6-2　　　　2015—2019年全国一次能源消费结构　　　　单位：%

年份	煤炭	石油	天然气	一次电力及其他能源
2015	63.8	18.4	5.8	12.0
2016	62.2	18.7	6.1	13.0
2017	60.6	18.9	6.9	13.6
2018	59.0	18.9	7.6	14.5
2019	57.7	19.0	8.0	15.3

资料来源：历年《中国能源统计年鉴》。

从一次能源消费结构的调整速度来看，"十三五"期间，山东半岛城市群一次能源消费结构的调整速度高于同期全国平均水平，其间取得的成就是值得肯定的。虽然山东半岛城市群一次能源消费结构与全国水平的差距有所减少，但仍不可忽视。因此，在相当长的一段时间内，山东半岛城市群一次能源消费结构往科学合理方向调整的任务仍然十分艰巨，能源和产业结构的调整仍有很长的一段路要走。

（三）山东半岛城市群一次能源生产和消费构成情况对比

如表6-3所示，2019年山东半岛城市群一次能源生产量为12539.10万吨标准煤，而一次能源消费量却高达41390.00万吨标准煤，一次能源生产量和消费量差额为28850.90万吨标准煤，能源自给率仅为30.29%，近70%的能源需要依靠进口或外省调入，表明

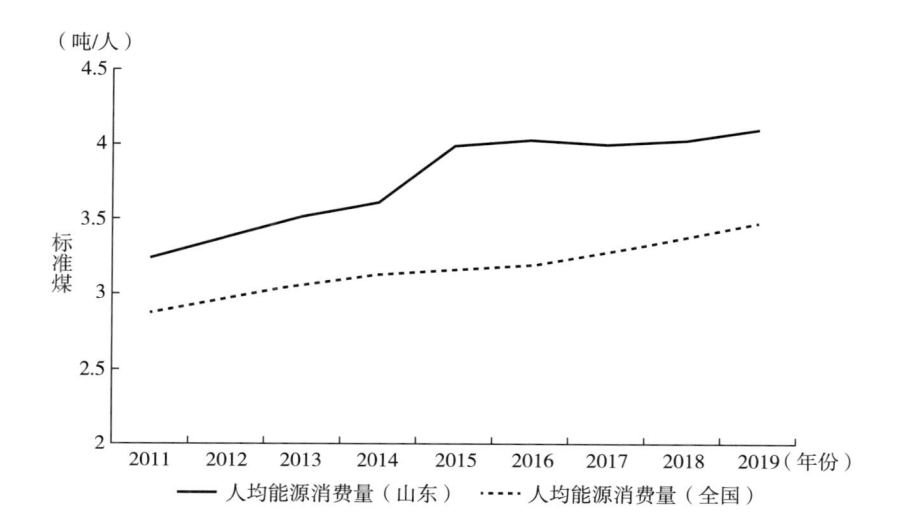

图 6-3　2011—2019 年山东半岛城市群和全国人均能源消费量对比

资料来源：历年《中国能源统计年鉴》。

山东半岛城市群的能源保障水平较低。从时间变化上来看，2011 年山东半岛城市群的一次能源生产量为 15997.81 万吨标准煤，约为消费量的 51.26%，但随着消费量的提高，山东半岛城市群一次能源生产量却呈逐年下降趋势，导致消费量和生产量的差额持续扩大，至 2019 年差额扩大至 28850.90 万吨标准煤。结果表明，山东半岛城市群能源消费和自给的缺口较大，能源消费自给率不足，对外依赖度较大，且随着能源消费量增加依赖度持续上升，能源消费市场容易受外在供给环境的影响。

表 6-3　2011—2019 年山东半岛城市群一次能源生产和消费情况对比　　单位：万吨标准煤

年份	消费量	生产量	差额
2011	31211.80	15997.81	15213.99
2012	32686.70	16973.80	15712.90
2013	34234.90	15165.08	19069.82

续表

年份	消费量	生产量	差额
2014	35362.60	15220.40	20142.20
2015	39331.60	14693.06	24638.54
2016	40137.90	13616.76	26521.14
2017	40097.70	13710.27	26387.43
2018	40580.50	13102.01	27478.49
2019	41390.00	12539.10	28850.90

资料来源：历年《山东统计年鉴》。

分品种能源生产和供给情况来看，如表 6-4 所示，2019 年山东半岛城市群一次能源整体自给率为 30.29%，其中化石燃料的自给率均低于 30%，仅水电、风电和太阳能光伏发电（一次电力）的自给率为 100%，高于一次能源整体自给率。在化石燃料中，煤炭自给率>石油自给率>天然气自给率，分别为 28.49%、16.42% 和 2.75%。化石燃料为不可再生能源，储量相对稳定，与当地的地质环境条件密切相关，受到资源禀赋的严格限制。为此，山东半岛城市群通过大力发展风电、光伏发电、核电、生物质能、地热能、海洋能等清洁能源以提高自身能源自给率的路径，是符合地方实际的能源发展策略。

表 6-4　2019 年山东半岛城市群分品种能源生产和消费情况

能源种类	消费量	生产量	差额	自给率（%）
一次能源（万吨标准煤）	41390.00	12539.10	28850.90	30.29
煤炭（万吨）	41835.50	11918.10	29917.40	28.49
石油（万吨）	13632.10	2237.82	11394.28	16.42
天然气（亿立方米）	185.72	5.10	180.62	2.75
水电、风电和太阳能光伏发电（万吨标准煤）	711.09	711.09	0.00	100

资料来源：《山东统计年鉴 2020》。

二 山东半岛城市群能源消耗强度

(一) 人均能源消费量

如图 6-3 所示，山东半岛城市群的人均能源消费量显著高于全国人均能源消费量，且二者的差距随着年份的增长呈现出扩大趋势。从图中可以看出，2011—2019 年山东半岛城市群和全国人均能源消费量均呈上升趋势，其中山东半岛城市群人均能源消费量为波动增长，在 2014—2015 年出现了较为快速的增加，此后增速放缓甚至略有下降，而全国人均能源消费量呈逐年稳定增加。2011 年山东半岛城市群人均能源消费量为 3.24 吨标准煤，全国人均能源消费量为 2.87 吨标准煤，山东半岛城市群较全国高出 0.37 吨标准煤/人。2019 年山东半岛城市群人均能源消费量为 4.11 吨标准煤，全国人均能源消费量为 3.48 吨标准煤，山东半岛城市群较全国高出 0.63 吨标准煤/人。二者差值最高的年份出现在 2015 年和 2016 年，山东半岛城市群人均能源消费量比全国人均能源消费量高出 0.84 吨标准煤。

(二) 单位 GDP 能耗

从单位 GDP 能耗来看，山东半岛城市群和全国的单位 GDP 能耗均呈逐年下降趋势，但二者下降速度存在一定差异（见图 6-4）。前期（2011—2017 年）山东半岛城市群单位 GDP 能耗与全国单位 GDP 能耗相近，后期（2018 年和 2019 年）山东半岛城市群单位 GDP 能耗高于全国单位 GDP 能耗，且二者差距逐年加大。2018 年山东半岛城市群单位 GDP 能耗为 0.64 吨标准煤/万元，全国单位 GDP 能耗为 0.6 吨标准煤/万元，山东半岛城市群单位 GDP 能耗比全国高出 0.04 吨标准煤/万元。2019 年山东半岛城市群单位 GDP 能耗为 0.58 吨标准煤/万元，全国单位 GDP 能耗为 0.49 吨标准煤/万元，山东半岛城市群单位 GDP 能耗比全国高出 0.09 吨标准煤/万元。经过查阅相关文献，第四次全国经济普查后，2018 年和 2019 年山东省 GDP 数据被大量核减，这可能是导致山东半岛城市群单位 GDP 能耗较高的原因。

（吨/万元）

```
0.90
0.85
0.80
0.75
0.70
0.65
0.60
0.55
0.50
0.45
0.40
     2011  2012  2013  2014  2015  2016  2017  2018  2019（年份）
```
标准煤

—— 人均能源消费量（山东）   ······ 人均能源消费量（全国）

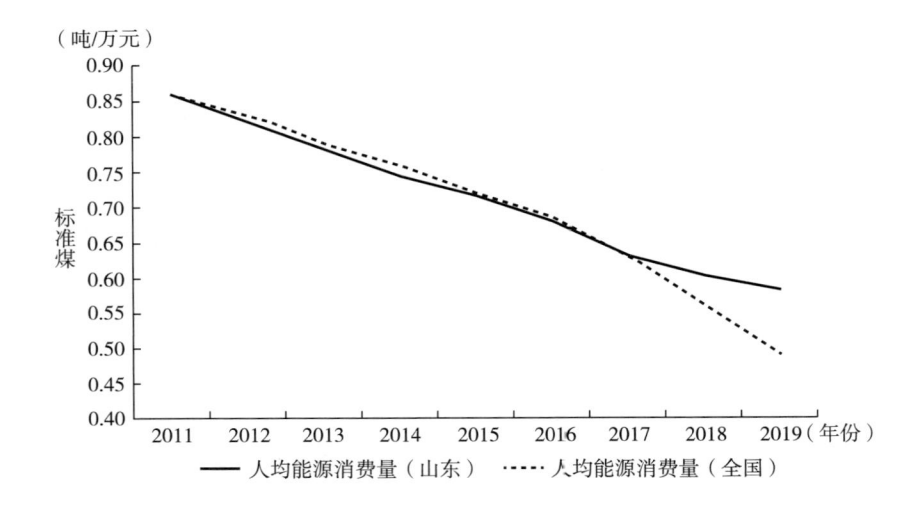

图 6-4 2011—2019 年山东半岛城市群和全国单位 GDP 能耗对比

资料来源：历年《中国能源统计年鉴》。

三 山东半岛城市群分行业能源消费量

（一）山东半岛城市群分行业能源消费结构

根据能源平衡表划分的行业分类，将能源消费分为农林牧渔业，工业，建筑业，交通运输、仓储和邮政业，批发、零售业和住宿、餐饮业，生活消费及其他行业，共七大类。各行业的能源消费量如表 6-5 所示，可以看出，各行业能源消费量由大到小排序为：工业>生活消费>交通运输、仓储和邮政业>其他行业>批发、零售业和住宿、餐饮业>农林牧渔业>建筑业。从年际变化来看，2011—2019 年山东半岛城市群各行业的能源消费量均呈逐年递增趋势。

表 6-5 2011—2019 年山东半岛城市群分行业能源消费量

单位：万吨标准煤

年份	农林牧渔业	工业	建筑业	交通运输、仓储和邮政业	批发、零售业和住宿、餐饮业	生活消费	其他行业
2011	360.00	25576.00	336.00	1739.00	662.00	1917.00	621.00
2012	408.00	26761.00	345.00	1773.00	680.00	2035.00	685.00

续表

年份	农林牧渔业	工业	建筑业	交通运输、仓储和邮政业	批发、零售业和住宿、餐饮业	生活消费	其他行业
2013	420.00	28012.00	376.00	1799.00	650.00	2190.00	790.00
2014	437.00	28919.00	394.00	1860.00	673.00	2287.00	793.00
2015	527.20	31041.50	416.40	2036.80	830.80	3350.70	1128.20
2016	535.60	31492.00	426.80	2068.20	854.40	3585.30	1175.60
2017	540.00	31139.00	430.00	2124.20	882.60	3714.20	1268.00
2018	550.10	31146.20	437.30	2188.30	928.20	3976.70	1353.60
2019	599.70	31293.70	481.40	2381.80	986.70	4192.40	1454.40

资料来源：历年《中国能源统计年鉴》。

如图 6-5 所示，山东半岛城市群能源消费结构中位列前三的工业，生活消费，交通运输、仓储和邮政业的能耗占比高达 90% 以上，其中工业能耗占比达 75% 以上。工业的能耗占比呈下降趋势，2011 年能耗占比为 82%，2019 年能耗占比降低至 76%，近十年来能耗占比下降了 6%。生活消费和其他行业的能耗占比却呈上升趋势，其中生活消费的能耗占比由 2011 年的 6% 增长至 2019 年的 10%，共上升了 4%，而其他行业的能耗占比上升了 2%。交通运输、仓储和邮政业的能耗占比未发生变化，均为 6%。由此可以看出，随着经济社会的发展，人民的生活和收入水平不断提高，人们对物质生活的需求量激增，导致生活消费所消耗的能源量快速增长。

（二）生活消费能源使用结构

如上所述，近十年来生活消费所导致的能源消费占比在所有能源消费结构中的比重不断上升，因此，生活能源的消费结构值得引起人们的关注。如表 6-6 所示，2011—2019 年山东半岛城市群人均生活能源消费中，煤炭和液化石油气的人均消费量出现了显著下降，而汽油和电力的人均消费量却呈上升态势。2011—2019 年人均煤炭和液化石油气分别下降了 11 千克和 2 千克，而汽油的人均消费量上升了 4.7 千克，电力的人均消费量上涨了 290.3 千瓦时。煤炭

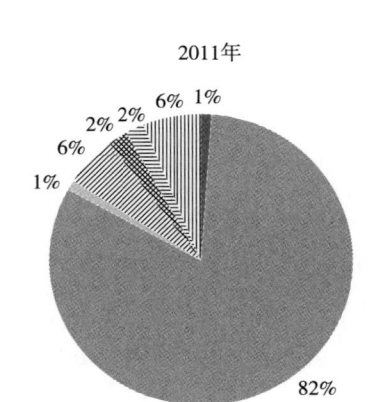

```
         2011年                          2019年
    6% 1%                           10%  1%
  2%2%                             4%
 6%                             2%
1%                             6%
                               1%


        82%                          76%

■ 农林牧渔业   ■ 工业    ■ 建筑业       ■ 农林牧渔业   ■ 工业    ■ 建筑业
▨ 交通运输、仓储和邮政业              ▨ 交通运输、仓储和邮政业
▩ 批发、零售业和住宿、餐饮业           ▩ 批发、零售业和住宿、餐饮业
▤ 其他行业   ▥ 生活消费              ▤ 其他行业   ▥ 生活消费
```

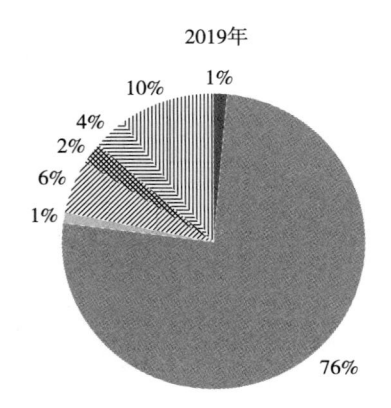

图 6-5　2011 年和 2019 年山东半岛城市群分行业能源消费结构对比

资料来源：历年《山东统计年鉴》。

表 6-6　2011—2019 年山东半岛城市群人均生活能源消费结构

年份	煤炭（千克）	汽油（千克）	液化石油气（千克）	电力（千瓦时）
2011	58.6	38.4	7.5	403.8
2012	58.1	40.8	6.3	427.7
2013	62.7	44.3	4.3	470.6
2014	62.9	45.5	4.2	481.7
2015	63.3	46.0	5.0	512.6
2016	66.4	39.6	5.4	560.1
2017	56.5	40.6	5.3	604.4
2018	53.2	43.0	5.5	666.3
2019	47.6	43.1	5.5	694.1

资料来源：历年《山东统计年鉴》。

和液化石油气消费量下降主要是由于天然气的普及，逐渐取代了这两种能源的消费。人均汽油使用量的提高与近年来机动车保有量的

增加以及人民生活水平的提升密不可分，人均电力使用量的提升同样和人们追求高质量的生活方式有关，如冰箱、空调、洗衣机、热水器等家用电器的人均保有量提高会导致用电量的增加。

四 山东半岛城市群各地级市的能耗强度

前文详细阐述了山东半岛城市群整体能源使用现状，从整体层面了解了山东半岛城市群的能源使用结构，但是区域内部各地级市的发展水平不同，能源的使用情况存在较大的空间差异，因此，对各地级市的能源使用状况展开研究显得非常必要。开展山东半岛城市群内部各地级市能源消耗状况比较时，在能源消耗总量层面上不具可比性，需要将能源消耗转化为能耗强度（即万元 GDP 能耗），使各地市的能耗指标更具可比性，同时对于节能减排更具现实意义和指导意义。

（一）山东半岛城市群各地级市万元 GDP 能耗

如表 6-7 所示，除滨州外，山东半岛城市群各地级市的万元 GDP 能耗均出现不同程度的下降。可以看出，山东半岛城市群整体万元 GDP 能耗由 2011 年的 0.86 吨标准煤/万元下降至 2019 年的 0.58 吨标准煤/万元，2011—2019 年减少了 0.28 吨标准煤/万元，降低率为 32.56%。从减少绝对量来看，山东半岛城市群 17 个地级市（含莱芜市）中，仅有 4 个地级市 2011—2019 年万元 GDP 能耗减少量低于整体水平，分别为青岛市、东营市、烟台市、滨州市；从减少相对值来看，山东半岛城市群 17 个地级市（含莱芜市）中，共 6 个地级市 2011—2019 年万元 GDP 能耗降低率低于整体水平，分别为东营市、潍坊市、日照市、聊城市、滨州市和莱芜市。山东半岛城市群万元 GDP 能耗水平较高的地市包括莱芜市、日照市、枣庄市、淄博市、聊城市、滨州市、菏泽市等，万元 GDP 能耗水平较低的地市包括济南市、青岛市、东营市、烟台市、威海市等。

表 6-7　2011—2019 年山东半岛城市群各地市万元 GDP 能耗变化

单位：吨标准煤/万元

地市	2011年	2012年	2013年	2014年	2015年	2016年	2017年	2018年	2019年	2011—2019年变化量	变化率（%）
济南市	0.96	0.92	0.92	0.81	0.73	0.70	0.57	0.50	0.46	-0.50	-52.08
青岛市	0.74	0.71	0.71	0.64	0.59	0.55	0.53	0.52	0.48	-0.26	-35.14
淄博市	1.55	1.47	1.47	1.30	1.23	1.11	1.02	0.97	0.91	-0.64	-41.29
枣庄市	1.55	1.47	1.47	1.32	1.17	1.13	1.04	1.01	0.99	-0.56	-36.13
东营市	0.71	0.68	0.68	0.63	0.58	0.58	0.56	0.54	0.52	-0.19	-26.76
烟台市	0.71	0.68	0.68	0.63	0.56	0.54	0.51	0.49	0.47	-0.24	-33.80
潍坊市	1.04	0.99	0.99	0.89	0.82	0.76	0.73	0.70	0.73	-0.31	-29.81
济宁市	1.26	1.20	1.20	1.08	0.97	0.92	0.88	0.86	0.82	-0.44	-34.92
泰安市	1.11	1.06	1.06	0.95	0.85	0.79	0.73	0.71	0.68	-0.43	-38.74
威海市	0.78	0.75	0.75	0.68	0.63	0.59	0.56	0.54	0.50	-0.29	-37.18
日照市	2.23	2.14	2.14	1.91	1.84	1.75	1.68	1.82	1.77	-0.46	-20.63
莱芜市	3.38	3.22	3.22	2.99	2.70	2.58	2.38	2.28	/	-1.10	-32.54
临沂市	1.02	0.98	0.98	0.89	0.75	0.77	0.71	0.67	0.64	-0.38	-37.25
德州市	1.15	1.10	1.10	1.00	0.91	0.85	0.78	0.75	0.71	-0.44	-38.26
聊城市	1.33	1.27	1.27	1.23	1.14	1.07	1.03	0.91	0.99	-0.34	-25.56
滨州市	1.16	1.11	1.11	1.27	1.87	1.80	1.57	1.50	1.36	0.20	17.24
菏泽市	1.22	1.16	1.16	1.06	1.01	0.95	0.90	0.86	0.78	-0.43	-35.25
山东省	0.86	0.82	0.78	0.74	0.71	0.68	0.63	0.60	0.58	-0.28	-32.56

注：莱芜市于 2019 年并入济南市，该年无统计，故取值到 2018 年。

资料来源：历年《山东统计年鉴》。

（二）各地市万元工业增加值能耗

如前文中分行业能源消费结构分析中所述，工业能源消耗占比高达 75% 以上，开展各地市万元工业增加值能耗情况的探究对地方节能减排绿色发展具有重要意义（韩沅刚，2020）。如表 6-8 所示，除滨州外，山东半岛城市群各地级市规模以上工业万元工业增加值能耗同样均出现不同程度的下降。山东半岛城市群整体规模以上工业万元工业增加值能耗由 2011 年的 1.29 吨标准煤/万元下降至 2019 年的 0.76 吨标准煤/万元，近十年减少量为 0.53 吨标准煤/万元，降低率为41.09%，高于万元GDP能耗降低率。从减少绝对量来看，山东半岛城市群17个地级市（含莱芜市）中，有5个地级市2011—2019年规模以上工业万元工业增加值能耗减少量低于整体水平，分别为青岛市、东营市、烟台市、潍坊市和威海市；从减少相对值来看，共7个地级市2011—2019年规模以上工业万元工业增加值能耗降低率低于整体水平，分别为淄博市、泰安市、东营市、潍坊市、日照市、菏泽市和莱芜市。山东半岛城市群规模以上工业万元工业增加值能耗水平较高的地市包括莱芜市、日照市、聊城市、滨州市、菏泽市、枣庄市、淄博市等，规模以上工业万元工业增加值能耗水平较低的地市包括济南市、威海市、青岛市、东营市和烟台市等。

表6-8　　2011—2019年山东半岛城市群各地市规模以上工业万元工业增加值能耗

单位：吨标准煤/万元

地市	2011年	2012年	2013年	2014年	2015年	2016年	2017年	2018年	2019年	2011—2019年变化量	变化率（%）
济南市	1.33	1.23	1.12	1.03	0.93	0.88	0.66	0.52	0.49	-0.84	-63.16
青岛市	0.90	0.82	0.77	0.66	0.62	0.58	0.54	0.52	0.50	-0.40	-44.44
淄博市	1.96	1.78	1.62	1.47	1.41	1.27	1.18	1.11	1.16	-0.80	-40.82
枣庄市	2.18	1.98	1.81	1.64	1.41	1.36	1.29	1.25	1.24	-0.94	-43.12
东营市	0.90	0.83	0.78	0.74	0.69	0.70	0.66	0.64	0.63	-0.27	-30.00
烟台市	0.97	0.89	0.84	0.76	0.67	0.63	0.58	0.56	0.55	-0.42	-43.30
潍坊市	1.48	1.37	1.27	1.19	1.10	1.02	1.02	0.97	1.06	-0.42	-28.38
济宁市	1.72	1.57	1.45	1.29	1.15	1.09	1.05	0.94	0.85	-0.87	-50.58
泰安市	1.70	1.58	1.45	1.33	1.19	1.18	1.09	1.05	1.01	-0.69	-40.59
威海市	1.00	0.92	0.86	0.80	0.72	0.63	0.57	0.54	0.49	-0.51	-51.00
日照市	3.73	3.45	3.20	2.89	2.85	2.69	2.53	2.68	2.74	-0.99	-26.54
莱芜市	3.95	3.61	3.42	3.28	2.88	2.89	2.80	2.60	/	-1.35	-34.18
临沂市	1.69	1.55	1.45	1.35	1.00	1.06	0.95	0.89	0.93	-0.76	-44.97
德州市	1.74	1.60	1.45	1.35	1.25	1.13	1.02	0.97	0.93	-0.81	-46.55
聊城市	1.97	1.80	1.68	1.68	1.50	1.63	1.34	1.19	1.15	-0.82	-41.62

续表

地市	2011年	2012年	2013年	2014年	2015年	2016年	2017年	2018年	2019年	2011—2019年变化量	变化率（%）
滨州市	1.79	1.63	1.52	1.85	2.82	2.74	2.29	2.22	2.00	0.21	11.73
菏泽市	1.71	1.56	1.45	1.34	1.25	1.15	1.07	1.03	1.05	-0.66	-38.60
全省	1.29	1.19	1.10	1.02	0.94	0.90	0.81	0.77	0.76	-0.53	-41.09

注：莱芜市于2019年并入济南市，该年无统计，故取值到2018年。

资料来源：历年《山东统计年鉴》。

综上所述，除滨州市外，2011—2019年山东半岛城市群各地市万元GDP能耗和各地市规模以上工业万元增加值能耗均呈下降趋势，仅东部和东北部部分城市能耗强度降低幅度低于全省平均水平，其余大部分地市能耗强度降低幅度均较大。山东半岛城市群能耗强度的降低离不开山东省大力推进的能源减排政策，如山东省人民政府办公厅印发的《山东省"十三五"节能减排综合工作方案》（鲁政发〔2017〕15号），提出至2020年全省万元国内生产总值能耗比2015年下降17%的总目标；山东省人民政府于2017年12月印发的《山东省低碳发展工作方案（2017—2020年）》，提出规模以上工业企业单位增加值能耗比2015年降低20%以上，同时对各方面的节能减排措施均做出统一的安排和部署。在密集推行节能减排政策的要求下，近年来山东半岛城市群的节能减排工作取得了切实的成效（张子珺，2020）。

第二节　山东半岛城市群碳排放特征分析

山东省作为我国传统的经济和人口大省，其产业结构总体偏重（指经济发展过分依赖于工业），如前所述，山东的经济社会发展主要依靠煤炭、石油等化石能源为主导的能源密集型产业，在经济高速发展的同时伴随着大量的能源消耗，使得山东省碳排放量长期居于全国前列（吕倩，2020；邵敏，2019）。目前，在全球气候问题和我国"双碳"目标的大背景下，特别是在我国提出力争在2030年前实现碳达峰、在2060年前实现碳中和的时间安排以来，对于山东省传统的能源和产业结构提出了严格的要求，"十三五"时期国家对山东下达了碳排放强度下降20.5的目标，同时要求山东省在2017年前后达到二氧化碳排放峰值。因此，研究山东半岛城市群能源碳排放的特征，对于促进能源结构的转型，实现新旧动能转换，推动地区绿色低碳与高质量发展具有重要的意义。

一　二氧化碳排放核算的方法

（一）常用碳排放核算方法

目前，国内外常用的碳排放核算方法主要有碳计量法和实测法两种，其中碳计量法又包括排放因子法（IPCC清单法）和质量平衡法（物料衡算法）两种计算方法。这几种常用的碳排放核算方法各具优缺点（郝千婷，2011），具体如表6-9所示。随着当前遥感技术的成熟，应用夜间灯光数据估算碳排放的方法不断丰富和完善，能够在一定程度上弥补传统方法的不足（王少剑，2020；王兴民，2020）。

表6-9　　　　　　　　常用碳排放核算方法的比较

方法		输入	优点	缺点	适用范围和尺度	应用现状
碳计量法	排放因子法	燃料消费量、排放系数	简单明确、易理解；有成熟的核算方法和统计数据、符合实际的排放因子；广泛的应用参考	对碳排放系统自身变化的应对能力差；估算数据的准确性较低	适用于化石燃料的燃烧；尺度范围：宏观、中观、微观	广泛应用；方法论得到广泛认同；结论权威
	质量平衡法	投入物料总和、设备运行参数	可区分不同产品、部门和地区之间的差异；估算结果的准确性较高	需纳入考虑范围的排放的中间过程较多，易出现系统性误差；数据获取困难，不具权威性	适用于工业生产；尺度范围：宏观和中观	仍处于发展阶段；操作流程没有标准化，操作方法众多；方法论尚不统一；结论需要讨论

续表

方法	输入	优点	缺点	适用范围和尺度	应用现状
实测法	空气流量、二氧化碳浓度、转换系数	获得数据准确；中间环节少；结果准确	获取数据困难、需要耗费大量人力和物力；易受样品代表性、人为失误、测量精度等因素的干扰	适用于土地利用变化与森林；尺度范围：微观	监测范围有限、应用范围较窄；应用历史较长；方法缺陷小，但是数据获取难

如表 6-9 所示，碳排放因子法具有简单明了、核算方法成熟、结论权威等优点，且数据可获得性强，在当前碳排放核算的研究中得到了广泛应用（杨青林，2018；丛建辉，2013）。依据《IPCC 国家温室气体排放清单指南》、我国《省级温室气体清单编制指南》以及前人研究中所使用的碳排放清单核算方法（孙艳伟，2018；王少剑，2021），本书使用能源平衡表中分品种的能源消费量核算山东省 2011—2019 年能源碳排放数据。具体计算公式如下（IPCC，2006）：

$$E(CO_2) = \sum_i C_i \times L_i \times P_i \times O_i \times \frac{44}{12}$$

式中，$E(CO_2)$ 表示各种能源燃烧产生的 CO_2 排放总量；i 代表不同种类的能源；C_i 表示第 i 种能源的消费实物量；L_i 为第 i 种能源低位热值；P_i 为第 i 种能源的碳排放系数；O_i 为第 i 种能源的碳燃烧氧化率；44/12 是 C 和 CO_2 之间的转换系数。

需要说明的是，《中国能源统计年鉴》和《山东统计年鉴》分别提供了两种类型的能源统计数据。《山东统计年鉴》能源篇中仅给出了各类能源在不同产业部门中的终端能源消费总量和比例，均折算成了标准煤，只有在煤炭能源平衡表和石油能源平衡表中给出了实物量，不利于不同能源用途分析和碳排放研究。《中国能源统计年鉴》中给出的山东省能源平衡表，详细记录了煤炭及其相关制品、石油及其制品、天然气、热力、电力和其他能源等合计 30 余种燃料类型的实物消耗量总量，及其在各个部门的具体使用量，有利于不同能源用途分析和碳排放研究。因此，本书基于山东省能源平衡表展开山东半岛城市群能源碳排放特征的研究。

相较于传统利用煤炭、石油、天然气等主要化石燃料消费总量的碳排放核算方法，本书采用能源平衡表中的 28 种细分能源类型消费量开展碳排放量的核算方法能够最大限度地减少误差，使得碳排放核算结果更为准确。此外，本书根据不用能源的用途，剔除了润滑油、石蜡、石脑油、石油沥青、溶剂油等不用于燃烧的非燃料产品，仅将煤炭、石油、焦炭、柴油、汽油、天然气等用于燃烧的一次能源进行碳排放核算。热力和电力等二次能源主要是通过一次能源转化而来，现有研究分为消费地和生产地两种核算原则，研究表明消费地原则产生的误差较小。本书为避免将一次电力（水电、风电和太阳能光伏发电）计入碳排放核算范围，在碳排放总量中扣除了该部分能源的碳排放量，以确保结果的准确性。但在分行业碳排放核算时，由于无法区分一次电力在各行业中的使用比例，故包含了一次电力的碳排放。

（二）碳排放系数的获取

碳排放核算中所使用的转换因子来自 IPCC 指南中提供的能源碳排放通用转换因子，但由于世界各国的能源品质和种类存在较大差异，根据不同国家和地区的能源使用特点，选择符合当地实际情况的转换因子能较大限度地减少不确定性，结果更为准确。为此，我国根据 IPCC 的推荐值编制了符合我国国情的《省级温室气体清单编制指南》，确定了我国通用的碳排放核算系数，并得到了广泛应用（宋杰鲲，2017；王雅楠，2019）。同时，相关学者针对中国的实际情况对能源碳排放转换因子进行一定程度的修正，提出了被认为更准确的碳排放转换因子（Shan，2018；Liu，2015）。本书基于前人的研究基础（Yong，2013；王长建，2016），参考《中国能源统计年鉴》中各种能源的低位热值，得到可用于核算山东半岛城市群能源碳排放的转换因子，具体如表6-10所示。

表6-10　　　　　　碳排放核算所使用的转换因子

能源类型	低位热值 （kJ/kg；kJ/m³）	碳排放因子 （kg/GJ）	碳氧化率 （%）
原煤	20908	26.32	91.8
焦炭	28435	31.38	92.8
洗精煤	26344	26.32	91.8
其他洗煤	10454	26.32	91.8
石油	41816	20.08	97.9
柴油	42652	20.20	98.2
煤油	43070	19.60	98.0
汽油	43070	18.90	98.6
燃料油	41816	21.10	98.5
天然气（气态）	38931	15.32	99.0
炼油气	45998	20.20	98.9
液化石油气	50179	20.00	98.9

二　山东半岛城市群二氧化碳排放量变化分析

（一）二氧化碳排放总量

如图6-6所示，2011—2019年山东半岛城市群二氧化碳排放总量呈波动上升趋势。2019年山东半岛城市群二氧化碳排放总量为10.07亿吨，比2011年的8.09亿吨增加了1.98亿吨，增幅高达24.47%。如表6-11所示，2011—2019年山东半岛城市群二氧化碳排放量增速较快的年份为2012年和2018年，而二氧化碳排放量出现小幅回落的年份有2013年、2016年和2017年。这种增长趋势与同期山东半岛城市群能源消费和产业结构调整密切相关。

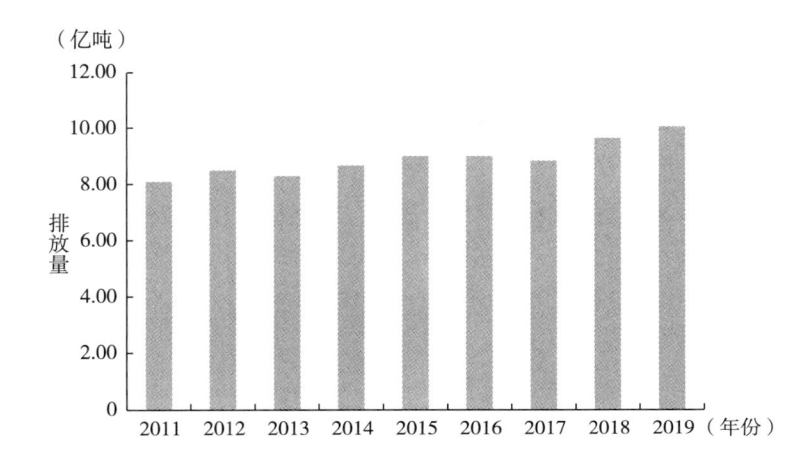

图 6-6　2011—2019 年山东半岛城市群二氧化碳排放量（扣除一次电力）

资料来源：历年《山东统计年鉴》。

表 6-11　　　　2011—2019 年山东半岛城市群二氧化碳
排放量及变化率（扣除一次电力）

年份	2011	2012	2013	2014	2015	2016	2017	2018	2019	2011—2019
二氧化碳排放总量（亿吨）	8.09	8.52	8.29	8.68	9.03	9.01	8.86	9.65	10.07	1.98
增长率（%）	—	5.23	-2.60	4.70	3.93	-0.21	-1.63	8.89	4.41	24.47

资料来源：历年《山东统计年鉴》。

（二）人均和万元 GDP 二氧化碳排放量（现价）

如图 6-7 所示，2011—2019 年山东半岛城市群人均二氧化碳排放量与排放总量相类似，同样呈波动上升趋势。2019 年山东半岛城市群人均二氧化碳排放量为 10.00 吨，比 2011 年的 8.39 吨增加了 1.61 吨，涨幅为 19.19%（见表 6-12）。从图中可以看出，2011—2019 年山东半岛城市群人均二氧化碳排放量存在三个相对低值点，分别为 2011 年、2013 年和 2017 年；存在三个相对高值点，分别为 2012 年、2015 年和 2019 年。

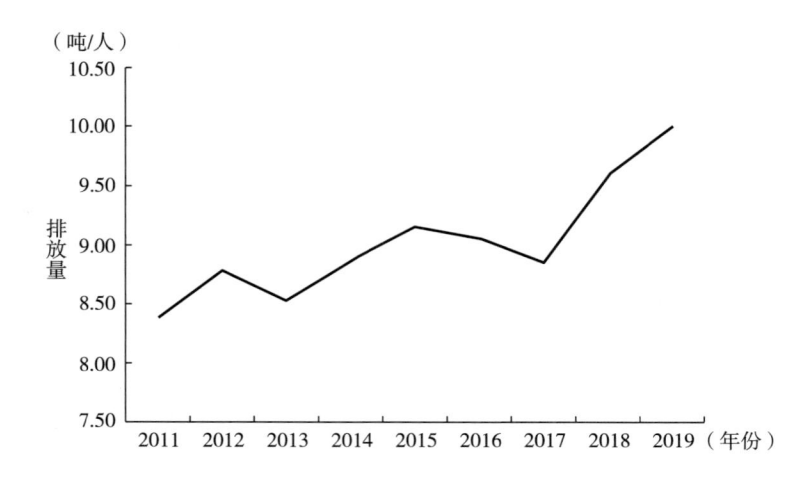

图 6-7　2011—2019 年山东半岛城市群人均二氧化碳排放量变化（扣除一次电力）

资料来源：历年《山东统计年鉴》。

表 6-12　2011—2019 年山东半岛城市群人均和万元 GDP 二氧化碳排放量（扣除一次电力）

年份	2011	2012	2013	2014	2015	2016	2017	2018	2019	2011—2019
人均二氧化碳排放量（吨/人）	8.39	8.79	8.52	8.87	9.17	9.05	8.85	9.60	10.00	1.61
万元 GDP 二氧化碳排放量（吨/万元）	2.07	1.98	1.75	1.71	1.63	1.53	1.41	1.45	1.42	-0.65

资料来源：历年《山东统计年鉴》。

如图 6-8 所示，2011—2019 年山东半岛城市群万元 GDP 二氧化碳排放量呈递减趋势。2011 年山东半岛城市群万元 GDP 二氧化碳排放量为 2.07 吨/万元，至 2019 年下降至 1.42 吨/万元，2011—2019 年共下降了 0.65 吨/万元，降幅为 31.40%（见表 6-12）。万元 GDP 二氧化碳排放量又称为碳排放强度，是反映经济发展低碳与否的一个重要指标，一般认为万元 GDP 二氧化碳排放量出现下降，便可认定该地区实现了低碳发展，由此可见，山东半岛城市群已经走上了低碳发展之路。

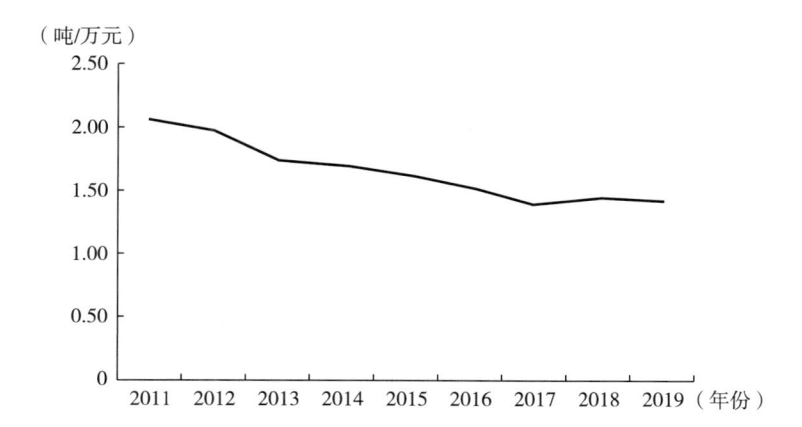

图 6-8　2011—2019 年山东半岛城市群万元 GDP 二氧化碳排放量变化（扣除一次电力）

资料来源：历年《山东统计年鉴》。

三　山东半岛城市群分行业二氧化碳排放量

（一）各行业二氧化碳排放总量及其变化

根据能源平衡表中的行业分类，将山东半岛城市群所有行业分为七大类，分别为农林牧渔业，工业，交通运输、仓储和邮政业，批发和零售业，住宿和餐饮业，其他以及生活消费，通过前文所述的碳排放核算方法，得到 2011—2019 年山东半岛城市群各行业二氧化碳排放量数据（见表 6-13）。从表中可以看出，工业二氧化碳排放量最大，2019 年时达到 82192.83 万吨；其次为生活消费，2019 年为 9503.91 万吨；再次为交通运输、仓储和邮政业，2019 年为 5488.02 万吨。二氧化碳排放量较小的行业为建筑业和农林牧渔业，2019 年排放量分别为 796.98 万吨和 1710.76 万吨。

表 6-13　2011—2019 年山东半岛城市群各行业二氧化碳排放量（含一次电力）　　　单位：万吨

年份	2011	2012	2013	2014	2015	2016	2017	2018	2019
农林牧渔业	1407.86	1212.90	1410.94	1512.12	1646.88	1720.18	1755.01	1582.38	1710.76

续表

年份	2011	2012	2013	2014	2015	2016	2017	2018	2019
工业	60624.61	63360.23	65544.76	69119.79	71810.84	71037.34	68688.15	77107.10	82192.83
建筑业	710.83	652.42	637.76	671.46	652.41	690.39	706.84	702.70	796.98
交通运输、仓储和邮政业	6080.77	6780.73	4207.74	4366.92	4525.84	4765.77	5303.15	5304.63	5488.02
批发和零售业、住宿和餐饮业	2820.28	3167.43	2157.99	2158.34	2189.99	2233.05	2290.90	2385.26	2504.36
其他	3061.25	3542.54	2814.08	2750.99	2973.56	3077.56	3289.49	3631.28	3884.91
生活消费	6537.48	7014.46	7005.27	7217.37	7620.57	8188.51	8768.29	9251.24	9503.91

资料来源：历年《山东统计年鉴》。

从变化趋势来看，如图6-9所示，2011—2019年农林牧渔业、工业、其他和生活消费的二氧化碳排放量均呈波动上升趋势，建筑业的二氧化碳排放量变化不大，而交通运输、仓储和邮政业，批发和零售业、住宿和餐饮业的二氧化碳排放量呈下降趋势。

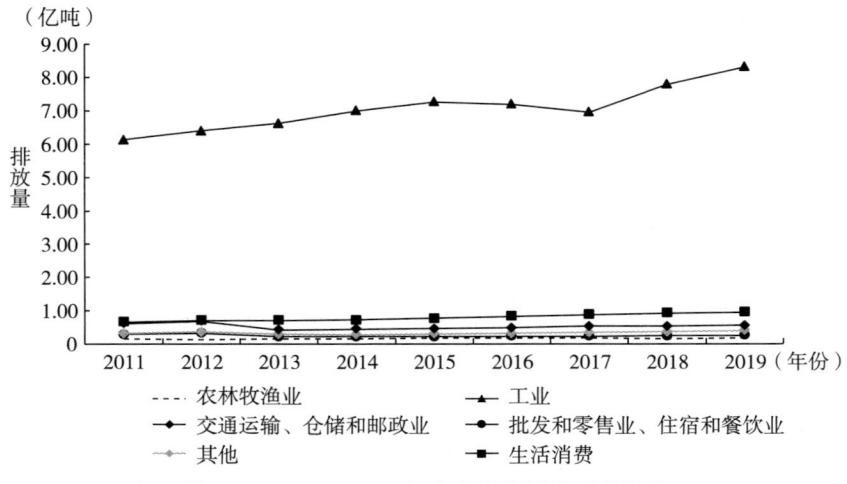

图6-9　2011—2019年山东半岛城市群分行业二氧化碳排放量（含一次电力）

资料来源：历年《山东统计年鉴》。

（二）各行业二氧化碳排放占比及其变化

仅从各行业独自二氧化碳排放量的增减无法反映该行业在二氧化碳排放总量中的变化情况，为此，本书深入分析了2011年、2015年和2019年三个时间段的各行业二氧化碳排放量占比及其变化情况。如图6-10所示，在所有年份中，二氧化碳排放量占比最高的行业为工业。以2019年为例，二氧化碳排放量占比最高的行业为工业，排放量占比高达77%；其次为生活消费，排放量占比为9%；再次为交通运输、仓储和邮政业，排放量占比为5%；其余行业中，农林牧渔业，批发和零售业、住宿和餐饮业均占2%，建筑业占1%。从二氧化碳排放量占比的变化趋势看，工业二氧化碳排放量占比呈先增加后减少的倒"U"形趋势，在2015年前后占比达到最大值79%，2019年工业二氧化碳排放量占比仍较2011年提高了2个百分点。对生活消费而言，2011年和2015年二氧化碳排放量占比均为8%，至2019年二氧化碳排放量占比出现小幅上升，增长至9%。交通运输、仓储和邮政业二氧化碳排放量占比呈下降趋势，由2011年占比为7%下降至2015年的5%，共下降了2个百分点，2015—2019年交通运输、仓储和邮政业二氧化碳排放量占比未发生变化，均为5%。其他产业二氧化碳排放量占比出现了先下降后上升的趋势，占比先由2011年的4%下降至2015年的3%，再由2015年的3%上升至2019年的4%。批发和零售业、住宿和餐饮业二氧化碳排放量占比呈下降趋势，由2011年占比为3%下降至2015年的2%，共下降了1个百分点，2015—2019年交通运输、仓储和邮政业二氧化碳排放量占比未发生变化，均为2%。建筑业和农林牧渔业因二氧化碳排放量较小，因此，2011—2019年二氧化碳排放量占比的变化量不大。

各行业二氧化碳排放量的变化趋势和山东半岛城市群的社会经济发展趋势相吻合，随着农业机械化和现代化程度的提高，农林牧渔业需要更多的能源作为动力，由此带来二氧化碳排放的增加；山东半岛城市群以工业为主，经济的发展离不开工业的发展，而产业转

2011年

- 农林牧渔业 2%
- 工业 75%
- 建筑业 1%
- 交通运输、仓储和邮政业 7%
- 批发和零售业、住宿和餐饮业 3%
- 其他 4%
- 生活消费 8%

2015年

- 农林牧渔业 2%
- 工业 79%
- 建筑业 1%
- 交通运输、仓储和邮政业 5%
- 批发和零售业、住宿和餐饮业 2%
- 其他 3%
- 生活消费 8%

2019年

- 农林牧渔业 2%
- 工业 77%
- 建筑业 1%
- 交通运输、仓储和邮政业 5%
- 批发和零售业、住宿和餐饮业 2%
- 其他 4%
- 生活消费 9%

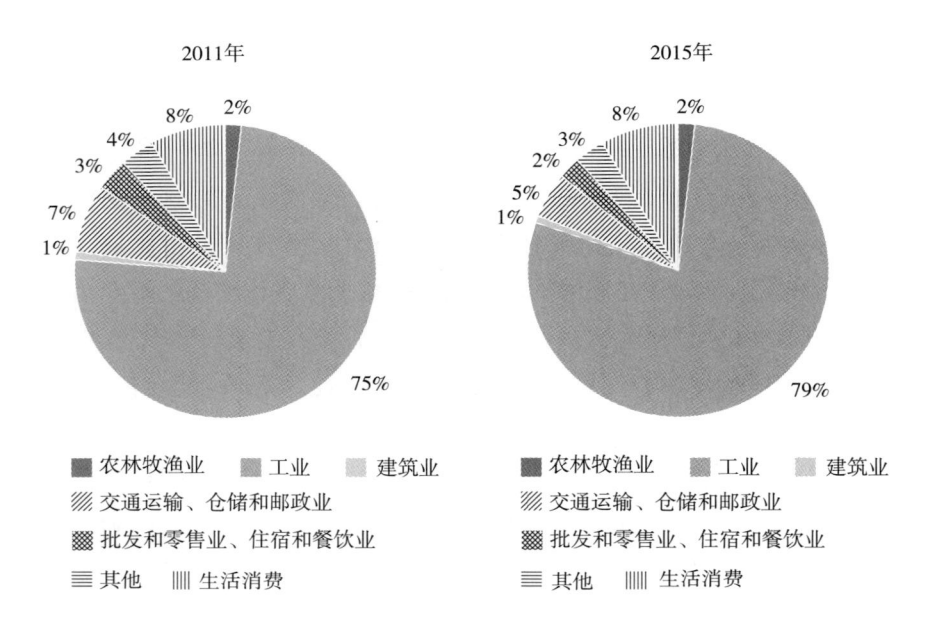

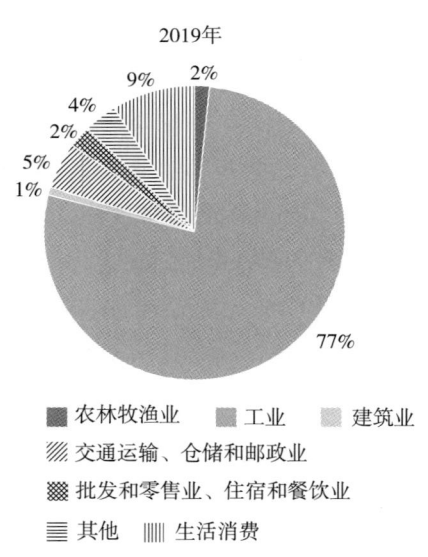

图 6-10　2011—2019 年山东半岛城市群分行业
二氧化碳排放量占比（含一次电力）

资料来源：历年《山东统计年鉴》。

型升级需要一定的时间，所以在经济发展的同时工业行业的二氧化碳排放量必然会出现上升；生活消费所带来的二氧化碳排放量的增加与人们追求高质量的生活水平密切相关，在当前生产生活方式的前提下，生活水平的提高势必会以消耗更多的能源为代价，由此带来了二氧化碳排放量增加。交通运输、仓储和邮政业出现二氧化碳排放量下降，主要得益于近年来大力推行的新能源汽车以及绿色低碳交通方式；批发和零售业、住宿和餐饮业二氧化碳排放量同样离不开人们的低碳环保意识和绿色出行方式。

（三）火力发电和供热二氧化碳排放总量及其变化

火力发电和供热一直是二氧化碳排放的重要来源，两者的二氧化碳排放量之和常年占二氧化碳排放总量的一半以上，探究火力发电和供热二氧化碳排放量的变化对碳减排具有重要意义。2019年山东半岛城市群火力发电和供热二氧化碳排放量占碳排放总量的比值分别为41.65%和16.78%，两者排放量之和占比高达58.43%，是山东半岛重要的二氧化碳排放源。如图6-11所示，山东半岛城市群火力发电和供热二氧化碳排放量占比均呈上升趋势，2019年火力发电和供热二氧化碳排放量之和占比为58.43%，相较于2011年的47.85%，共上涨了10.58个百分点。具体来看，火力发电二氧化碳排放量占比由2011年的37.21%增长至2019年的41.65%，共增长了4.44个百分点；供热二氧化碳排放量占比由2011年的10.64%增长至2019年的16.78%，共增长了6.14个百分点。

从山东半岛城市群火力发电和供热二氧化碳排放量增长的绝对量来看，如表6-14所示，火力发电二氧化碳排放量由2011年的30084.72万吨增长至2019年的41961.86万吨，共增长了11877.14万吨，增长率为39.48%；供热二氧化碳排放量由2011年的8603.59万吨增长至2019年的16903.11万吨，共增长了8299.52万吨，增长率为96.47%。由此可见，2011—2019年火力发电二氧化碳排放量增长幅度较小，而供热二氧化碳排放量增长幅度较大，排放量增长了近一倍。从山东半岛城市群发展的实际情况来看，社会

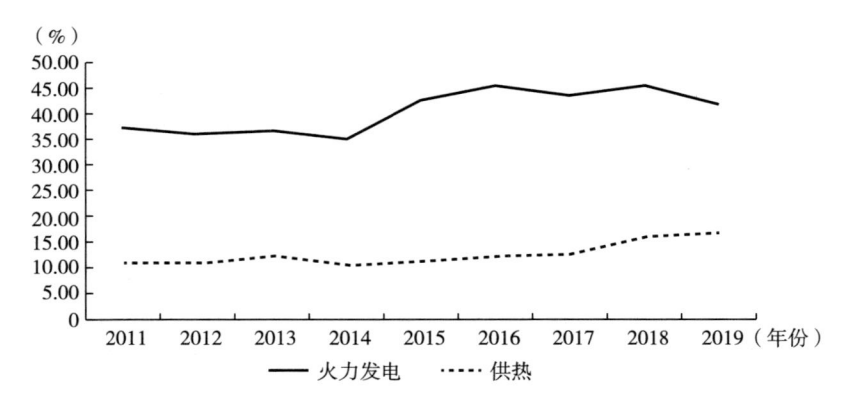

图 6-11　2011—2019 年山东半岛城市群火力发电和
供热二氧化碳排放量占比

资料来源：历年《山东统计年鉴》。

经济发展势必会导致供热和电力需求的增加，但是随着政府对电力行业碳排放施行严厉的管制措施，以及新能源发电行业的大力发展，传统的火力发电增长得到有效控制，由此火力发电二氧化碳排放量涨幅较低。虽然供热行业也在逐步追求清洁能源替代，但是受前期供热普及率较低，近年来随着人们对居住舒适度要求的提高，居民的供热需求大幅提升，以及当前节能保温材料的广泛应用，国家提高了室内最低温度标准，如 2018 年修订的《山东省供热管理办法》规定"县级以上的城市需要集中供热，有条件的镇和农村社区应当配套供热设施，新建小区和既有小区均应安排供热"，此外还要求将室内供热温度保持在 16℃ 以上，且卧室和起居室温度不得低于 18℃，这大大增加了供热行业的能源需求，致使其二氧化碳排放量爆发式上升。

表 6-14　　　　2011—2019 年山东半岛城市群火力发电和
供热二氧化碳排放量　　　　　　单位：万吨

年份	2011	2012	2013	2014	2015	2016	2017	2018	2019
火力发电	30084.72	30733.99	30358.30	30438.59	38155.78	41038.51	38453.29	43634.48	41961.86
供热	8603.59	9006.90	9920.39	9339.04	9843.64	11075.51	11076.12	15147.36	16903.11

四　山东半岛城市群分城乡生活消费二氧化碳排放量

2011—2019 年，山东半岛城市群生活消费二氧化碳排放量增速为所有行业中最高，表明山东半岛城市群居民随着生活水平的不断提高，对物质和能源的需求在快速增长，由此带来了二氧化碳排放量的快速上升，给山东半岛城市群碳排放目标的实现增添了较大压力。根据我国城乡生活存在较大差异的实际情况，山东半岛城市群分城乡的生活消费二氧化碳排放量的深入研究，对区域的节能减排具有重要的现实意义。

（一）山东半岛城市群城乡生活消费二氧化碳排放总量

如图 6-12 所示，2011—2019 年山东半岛城市群城乡生活消费二氧化碳排放总量呈上升趋势，前期（2011—2014 年）增长较慢，后期（2015—2019 年）增速加快。分城乡看，城镇生活消费二氧化碳排放总量变化趋势与城乡整体变化趋势相一致，前期（2011—2014 年）增长缓慢，后期（2015—2019 年）增速加快；而乡村生活消费二氧化碳排放总量变化趋势与城乡整体变化趋势相反，前期（2011—2014 年）增长速度较快，后期（2015—2019 年）增速放缓。城镇生活消费二氧化碳排放量由 2011 年的 3754.13 万吨提升至 2019 年的 5572.20 万吨；乡村生活消费二氧化碳排放量由 2011 年的 2783.34 万吨提升至 2019 年的 3931.80 万吨。

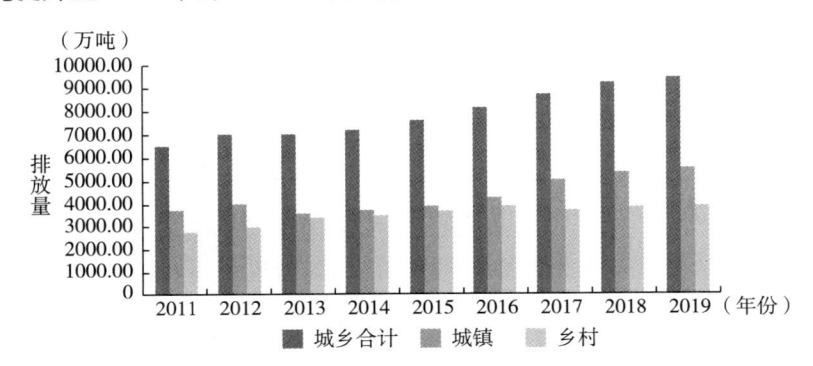

图 6-12　2011—2019 年山东半岛城市群城乡生活消费二氧化碳排放总量

资料来源：历年《山东统计年鉴》。

山东半岛城市群城乡生活消费二氧化碳排放量总体表现为城镇大于乡村（见图 6-12 和表 6-15），城镇生活消费二氧化碳排放量高于乡村生活消费二氧化碳排放量，乡村生活消费二氧化碳排放量占比在 40%—50%，城镇生活消费二氧化碳排放量占比在 50%—60%。2014 年，城镇和乡村生活消费二氧化碳排放量占比最为接近，仅为 2.85 个百分点，此后二者差距逐渐增大，2019 年城镇生活消费二氧化碳排放量占比最高，达 58.63%。从增长率来看，2017 年城镇生活消费二氧化碳排放量增长率最高，为 17.81%；2013 年乡村生活消费二氧化碳排放量增长率最高，为 12.41%。

表 6-15　　2011—2019 年山东半岛城市群城乡生活消费二氧化碳排放量占比及增长率

年份	2011	2012	2013	2014	2015	2016	2017	2018	2019
城镇占比	57.42	56.98	51.58	51.67	51.63	52.44	57.69	58.09	58.63
城镇增长率	—	6.46	-9.60	3.21	5.51	9.13	17.81	6.24	3.68
乡村占比	42.58	43.02	48.42	48.33	48.37	47.56	42.31	41.91	41.37
乡村增长率	—	8.42	12.41	2.85	5.66	5.66	-4.75	4.51	1.41

资料来源：历年《山东统计年鉴》。

（二）山东半岛城市群城乡生活消费人均二氧化碳排放量

随着人口城镇化进程的加快，仅从城镇和乡村生活消费二氧化碳排放总量的角度已无法全面刻画城乡碳排放差异，反映到人均二氧化碳排放量更具可比性。如图 6-13 所示，2011—2019 年山东半岛城市群城乡总体人均生活消费二氧化碳排放量呈稳步上升趋势；乡村人均生活消费二氧化碳排放量呈波动上升趋势；城镇人均生活消费二氧化碳排放量在中期（2014—2017 年）有所回落，整体也呈上升趋势。从增长量来看，2011—2019 年乡村人均生活消费二氧化碳排放量>城乡总体>城镇。具体地，城乡总体人均生活消费二氧化碳排放量从 2011 年的 0.68 吨/人增长至 2019 年的 0.94 吨/人，城乡人均排放量净增 0.26 吨/人；2011 年乡村人均生活消费二氧化碳排放量为 0.59 吨/人，2019 年为 1.01 吨/人，乡村人均排放量净增 0.42 吨/人；城镇人均生活消费二氧化碳排放量从 2011 年的 0.76 吨/人提高至 2019 年的 0.90 吨/人，增长量为 0.14 吨/人。城乡对比来看，2013 年以前城镇人均生活消费二氧化碳排放量高于乡村，2013 年及以后乡村人均生活消费二氧化碳排放量超过城镇。

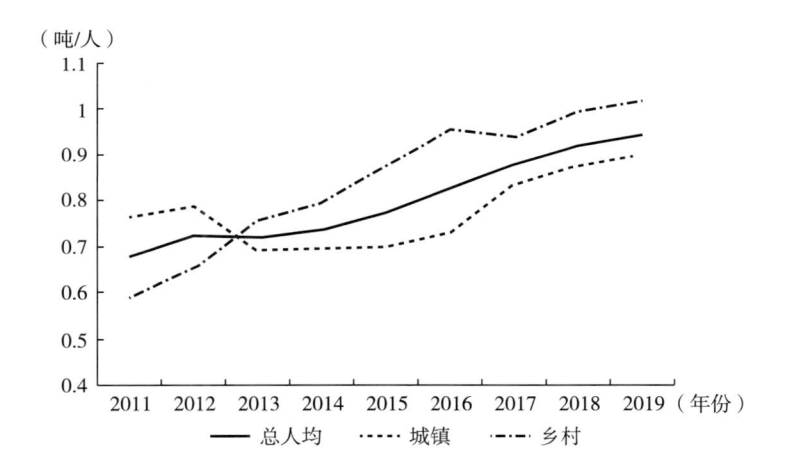

图 6-13　2011—2019 年山东半岛城市群城镇和乡村人均
生活消费二氧化碳排放量

资料来源：历年《山东统计年鉴》。

从增长率来看，如表 6-16 所示，2011—2019 年乡村人均生活消费二氧化碳排放量增长率最高，为 72.27%；相比之下，城镇人均生活消费二氧化碳排放量增长率最低，为 17.66%。可以得出，乡村生活消费能源的集约节约度远低于城镇，生活水平提高所带来碳排放增加的绝对值和相对值均为乡村大于城镇，这值得引起关注。

表 6-16　　　2011—2019 年山东半岛城市群城乡人均
生活消费二氧化碳排放量增长率

年份	2011	2012	2013	2014	2015	2016	2017	2018	2019	2011—2019
总人均增长率	—	6.76	-0.63	2.44	4.97	6.38	6.45	5.07	2.50	39.12
城镇人均增长率	—	2.94	-12.26	0.27	1.21	4.36	14.10	4.77	2.89	17.66
乡村人均增长率	—	11.24	15.04	5.12	9.93	9.73	-1.56	5.68	2.05	72.27

资料来源：历年《山东统计年鉴》。

（三）山东半岛城市群城乡生活消费分能源种类二氧化碳排放量占比

从城镇生活消费各能源二氧化碳排放量占比来看，如图 6-14 所示，电力、汽油、液化石油气、天然气等能源的二氧化碳排放量占比较大。其中，电力的二氧化碳排放量占比最大，2011 年占比为 41%，2019 年占比为 59%，呈上升趋势，占比上涨了 18 个百分点。除电力外，二氧化碳排放量占比上涨的能源类型还包括天然气和热力等，其中，天然气的二氧化碳排放量比重增加了 6 个百分点，增长幅度次之，由 2011 年的 6% 上升为 2019 年的 12%；热力的二氧化碳排放量比重增加了 3 个百分点，由 2011 年的 1% 增加为 2019 年的 4%。而原煤、煤制品、焦炉煤气、汽油、柴油和液化石油气等能源类型二氧化碳排放量占比降低。其中，原煤的二氧化碳排放量占比降低了 6 个百分点，2011 年占比为 7%，2019 年占比降低为 1%；煤制品的二氧化碳排放量占比由 2011 年的 6% 下降为 2019 年的 4%，占比降低了 2%；焦炉煤气的二氧化碳排放量占比由 2011 年的 1% 下降为 2019 年的约 0，占比降低了 1%；汽油的二氧化碳排放量占比由 2011 年的 23% 下降为 2019 年的约 18%，占比降低了 5 个百分点；柴油的二氧化碳排放量占比由 2011 年的 4% 下降为 2019 年的约 0，占比降低了 4 个百分点；液化石油气的二氧化碳排放量占比由 2011 年的 11% 下降为 2019 年的 2%，占比降低了 9 个百分点。

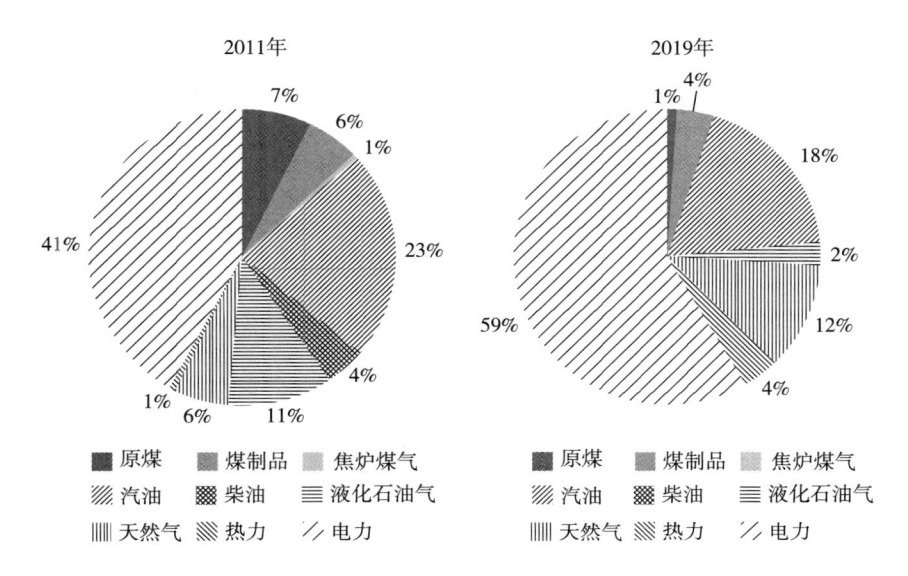

图 6-14　2011—2019 年山东半岛城市群城镇生活消费二氧化碳排放占比

资料来源：历年《山东统计年鉴》。

如图 6-15 所示，从乡村生活消费各能源二氧化碳排放量比重分析，电力、原煤、柴油、汽油等能源的二氧化碳排放量占比较大。其中，二氧化碳排放量比重最大的是电力，2011 年占比为 68%，2019 年占比为 74%，呈上升趋势，占比上涨了 6 个百分点。除电力外，二氧化碳排放量占比上涨的能源类型还包括煤制品和天然气等，其中，煤制品的二氧化碳排放量占比增加了 7 个百分点，由 2011 年的 4% 上升为 2019 年的 11%；天然气的二氧化碳排放量由 2011 年约 0 增加为 2019 年的 4%，比重提高了 4 个百分点。而原煤、柴油和液化石油气等能源类型二氧化碳排放量比重出现下降趋势。其中，原煤的二氧化碳排放量占比降低了 7 个百分点，2011 年占比为 9%，2019 年占比降低为 2%；柴油的二氧化碳排放量占比由 2011 年的 9% 下降为 2019 年的 1%，占比降低了 8 个百分点；液化石油气的二氧化碳排放量占比由 2011 年的 4% 下降为 2019 年的 2%，占比降低了 2 个百分点。

2011年	2019年
原煤 68%, 9%, 4%, 6%, 9%, 4%	原煤 74%, 2%, 11%, 6%, 1%, 2%, 4%

■ 原煤　■ 煤制品　■ 汽油　▨ 柴油　▨ 液化石油气　☰ 天然气　⫿ 热力　╱ 电力

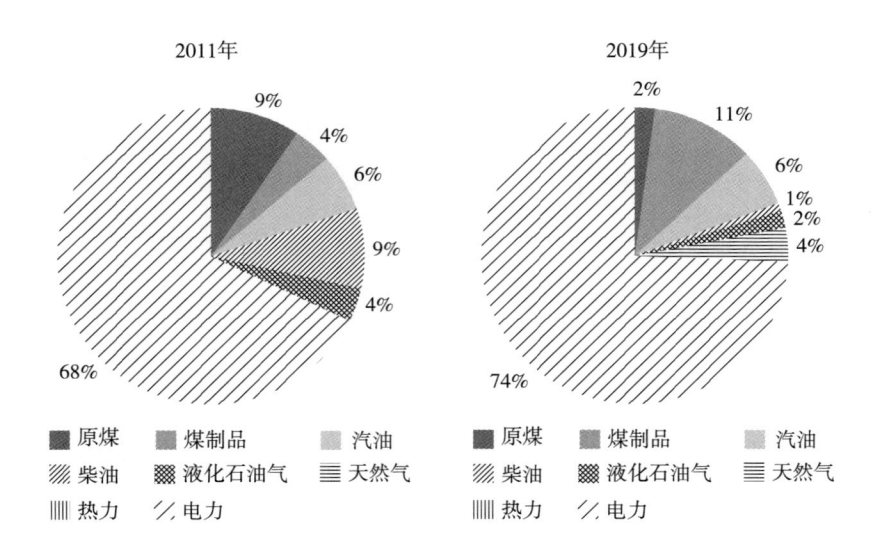

图 6-15　2011—2019 年山东半岛城市群乡村生活消费二氧化碳排放占比

资料来源：历年《山东统计年鉴》。

通过对比城镇和乡村生活消费分能源种类二氧化碳排放量占比及其变化可以看出，二者的能源消费结构存在较大差异。虽然电力能源均为城镇和乡村主要的二氧化碳排放源，但是乡村的电力占比远高于城镇；而城镇的汽油和天然气占比却高于乡村。这体现了城镇和乡村生活消费的能源结构差异，更深层次的因素是城乡生活方式的不同。为此，山东半岛城市群城乡生活消费的低碳减排措施需要考虑城乡生活方式和能源使用结构的差异，以达到更好的节能减排效果。

五　山东半岛城市群一次清洁能源二氧化碳排放量

如前文所述，电力为山东半岛城市群大部分行业的主要能源类型，且在工业、生活消费、交通运输、仓储和邮政业，批发和零售、住宿和餐饮业等行业中，电力的二氧化碳排放量占比均呈上升趋势，电力成为社会经济和生活中越来越重要的能源类型。在各行业二氧化碳排放分析中所述的电力以火力发电为主，如图 6-16 所示，将二次电力转化为一次能源时发现煤炭成为二氧化碳排放主要的能源类型，在我国当前的电力能源结构中，绝大部分电力背后都隐藏着煤炭的身影，在以火力发电为主要的电力来源条件下，电力并不是理想的清洁能源。而随着水电、风电、光伏发电、核电、生物质能、地热能、海洋能等清洁能源的发展，一次电力在电力结构中的占比不断上升，这将大大减少电力的二氧化碳排放量。衡量一次电力的理论二氧化碳排放量可以定量反映清洁能源对节能减排的贡献情况，如图6-16所示，山东半岛城市群一次电力的理论二氧化碳排放量呈逐年上升趋势，由2011年的383.87万吨上升至2019年的5344万吨，增长了近13倍；且从图6-16中可以看出，增长情况呈近指数型增长，表明山东半岛城市群一次电力的理论二氧化碳排放量近年来对当地节能减排的贡献度将越来越大。

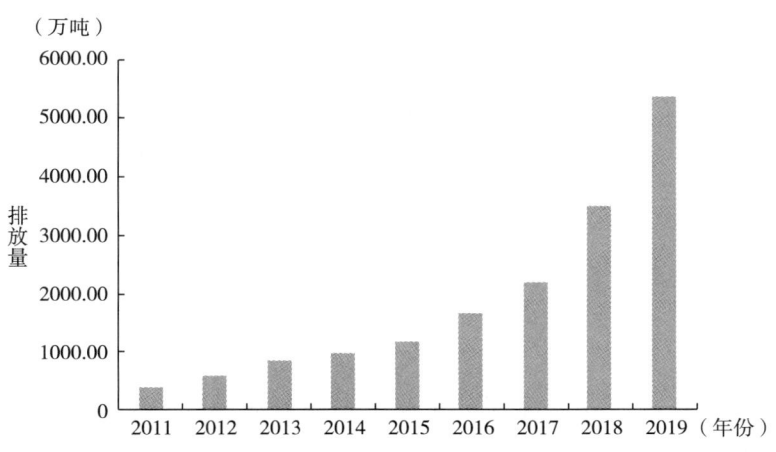

图6-16　2011—2019年山东半岛城市群一次电力理论二氧化碳排放量

第三节　山东半岛城市群绿色低碳发展提升路径

2030年前实现碳达峰、2060年前实现碳中和的"双碳"目标，意味着社会发展方式的全方位绿色低碳转型，是系统性、全局性工作。山东省作为全国能源消耗和实体经济大省，实现"双碳"目标面临巨大压力和挑战。受自身产业结构和能源结构特点影响，山东半岛城市群对气候变化政策更为敏感，需尽早明晰低碳发展路线图，科学制定发展规划，全局性构架，实现经济社会发展全面绿色转型。山东半岛城市群的绿色低碳发展路径探索将大力推动全国经济绿色发展，为其他省市乃至全国提供值得借鉴的经验。

一 构建清洁低碳高效能源体系

（一）大力发展新能源

积极发展非化石能源，大幅度提高非化石能源占一次能源消费比重。建立能源多元供应体系，着力发展非煤能源，形成煤、油、气、核、新能源、可再生能源多轮驱动的能源供应体系。推动分布式太阳能、风能、生物质能、地热能规模化应用，提高可再生能源利用比例。统筹推进氢能"制储输用"全链条发展。构建以新能源为主体的新型电力系统，提高电网对高比例可再生能源的消纳和调控能力。

（二）优化能源结构

关于评估碳减排效率方面的研究中，大部分都指出化石能源与清洁能源等组成的能源消费结构变化是碳减排能否成功的关键。山东半岛城市群的能源结构仍以传统的高碳化石能源为主，2019年能源消费量达41390万吨标准煤，占全国的8.5%，居全国第一位。为改变能源结构，山东半岛城市群需大幅度削减煤炭生产量和消费量，加快行业退出。煤炭煤电行业需要做"减法"，在"十四五"时期严控煤炭消费增长，"十五五"时期逐步减少。推进现役煤电机组节能升级和灵活性改造，统筹煤电行业发展，逐步减少直至禁止煤炭散烧。结合山东半岛城市群的发展规划，积极有序地接纳省外来电，提高外来电力的绿色化水平，降低煤炭能源消耗量，减少二氧化碳排放。扩大天然气开发利用，加快沿海LNG接收站规划建设，积极配合、稳妥推进清洁取暖"煤改气"，稳步实施天然气车船发展和加气站建设。重点在大气污染传输通道城市和新旧动能转换核心城市有序发展天然气分布式能源。

（三）提高能源利用效率

把节能贯穿于经济社会发展全过程和各领域，持续深化工业、建筑、交通运输、公共机构等重点领域节能，提升数据中心、新型通信等信息化基础设施能效水平。推动能源系统与信息技术深度融合，将大数据、云计算、区块链、人工智能等前沿技术日益融入能源产业，拓展基于数据的能源服务，提高能源利用效率。健全能源管理体系，强化重点用能单位节能管理和目标责任。可再生能源具有不稳定性，发展储能技术是解决调峰问题的方式之一，能有效调节能源的利用率。

二 构建绿色低碳现代产业体系

从前文分析可以看出，山东半岛城市群工业，生活消费，交通运输、仓储和邮政业的能耗占比高达90%以上，其中，作为第二产业的工业能源消耗水平占山东半岛城市群能源消费总量的75%以上，表明工业是能源消费的主体。研究表明，几乎所有的产业发展均会增加二氧化碳排放量，但第一、二、三产业的影响度逐次递减，为此，首先要大力推进第三产业的发展，逐步提高第三产业的比重，通过第三产业的发展吸纳更多的就业人口。基于山东省是我国工业大省的基础条件，实现"双碳"目标关键在于尽快形成绿色低碳的现代产业体系，主要包含以下几个方面：第一，推动传统产业结构优化升级。制定能源、钢铁、有色金属、石化化工、非金属矿物制造业、化学原料及化学制品制造业、电力煤气及水生产供应业等行业和领域碳达峰实施方案。以节能降碳为导向，修订产业结构调整指导目录。加快推进工业领域低碳工艺革新和数字化转型。第二，提高行业准入标准，淘汰落后产能。对高耗能高排放项目严格落实产能等量或减量置换，进一步通过"上大压小"等政策措施加快淘汰落后生产能力，加强产能过剩分析预警和窗口指导。第三，大力发展以信息产业为代表的新兴产业。培育发展新兴产业和高技术产业，节能环保产业、电子信息产业、技术密集型的制造业等高加工度产业替代能源原材料工业，使之成为拉动经济增长的重要动力。这类产业往往兼具高附加值、低能耗、低碳排放等特征。第四，壮大绿色环保产业。推动建设一批国家级、省级和市级绿色产业示范基地，推动形成开放、协同、高效的创新生态系统。适时修订绿色产业指导目录，引导产业发展方向。

三 推进绿色低碳交通运输体系

在优化交通运输结构方面，加快建设综合立体交通网，大力发展多式联运，提高铁路、水路在综合运输中的承运比重，持续降低运输能耗和二氧化碳排放强度。优化客运组织，引导客运企业规模化、集约化经营。在推广节能低碳型交通工具方面，加快发展新能源和清洁能源车船，推广智能交通，推动加氢站建设，促进船舶靠港使用岸电常态化；加快构建便利高效、适度超前的充换电网络体系；提高燃油车船能效标准，健全交通运输装备能效标识制度，加快淘汰高耗能高排放老旧车船。在低碳出行方面，轨道交通和快速公交系统等公共交通基础设施建设作为重点内容，加强自行车专用道和行人步道等城市慢行系统建设。综合运用法律、经济、技术、行政等多种手段，加大城市交通拥堵治理力度。在绿色物流方面，整合运输资源，提高利用效率。支持物流企业构建数字化运营平台，鼓励发展智慧仓储、智慧运输，构建数字化综合运营平台。

四 健全绿色低碳循环消费体系

（一）促进绿色产品消费发展

鼓励和支持企业承担更多环境社会责任，采用绿色理念、绿色技术、绿色工艺对产品的设计、包装、储存、运输等环节进行绿色化改造。对绿色产品和服务实行认证管理，进一步完善认证机构信用监管机制。加大政府绿色采购力度，引导社会绿色消费。推广绿色电力证书交易，引领全社会提升绿色电力消费。加大政府绿色采购力度，采用差别征税、税收返还等税收激励方式，或加大类似绿箱政策的财政补贴，有效降低绿色产品成本和价格，加大我国绿色消费奖补激励机制，使绿色产品成为公民的生活必需品。

（二）倡导绿色低碳生活方式

大力推广节能节水用品，推动太阳能、再生水等应用，鼓励群众使用节能环保再生产品，减少家庭能源资源消耗。加快推进生活垃圾分类和资源化利用，推动垃圾源头减量，建立健全生活垃圾分类投放、分类收集、分类转运、分类处理系统，开展宣传、培训和成效评估。鼓励引导家庭绿色装修，大力倡导绿色出行，广泛宣传、推广绿色生活理念，培养居民自觉行动，通过绿色生活方式变革，促进城乡建设各领域生产方式绿色转型。提升交通系统智能化水平，积极引导绿色出行。

（三）培育绿色消费教育理念

把绿色低碳发展纳入国民教育体系，通过绿色广告、绿色科普、电视广播和网络媒体等加强社区绿色消费教育，将绿色消费观念渗透到基础教育和终身教育体系中，把环境教育纳入中小学素质教育体系。培育绿色消费观、环境价值观、生态文明观，减少一次性商品的使用。培育公众绿色消费意识和绿色消费新需求，提升绿色供应链相关产品的辨识度和美誉度，引领绿色消费文化。

五 构建科学碳排放核算体系

目前，国内常用的碳排放核算标准大多基于2011年国家发改委编写的《省级温室气体清单编制指南（试行）》，但该指南是从全国层面展开的考虑，而各个省或地区的实际情况有差异，各省应根据自己的基础编制符合自身特色的清单指南。一些发达地区的政府已统一组织编制了具有区域特色的二氧化碳核算方法，如深圳市、上海市、北京市和广东省都编制了二氧化碳排放核算和报告指南，对于区域碳排放核算具有重要的指导意义。山东半岛城市群同样应加强基础能力建设，全面落实国家碳排放政策部署要求，推动中央决策和政策措施在山东落地见效，完善制度体系。构建省、市、县低碳发展评价指标体系，评价结果公开接受大众监督，营造良好舆论氛围。建立对重点企业碳排放统计、核算、核查制度。细化省级温室气体清单，制定更详细的市、县级温室气体排放清单，增强对重点行业、区域温室气体排放的核算能力，为碳排放达峰分析提供有效支持。

六　健全碳排放权交易市场体系

实现"双碳"目标需要综合施策，其中，建立碳交易市场体系必不可少。山东半岛城市群为实现绿色低碳发展同样离不开碳交易的市场，应该积极引导企业参与碳排放权交易，提升交易活跃度，通过试点形式，待条件成熟后逐步将区域内的高耗能、高排放行业纳入碳交易市场。此外，需要逐步提升监管能力，推动高耗能高排放建设项目碳排放减量替代。在碳排放交易背景下，山东半岛城市群亟须培养一批了解碳市场相关政策、掌握碳市场交易规则、能熟练使用碳资产管理相关工具的专业性人才，这对企业有效利用市场手段管理碳资产、实现碳资产的保值增值同样意义重大。

七　完善绿色低碳发展保障机制

（一）完善法律法规政策体系

推动完善促进绿色设计、强化清洁生产、提高资源利用效率、发展循环经济、严格污染治理、推动绿色产业发展、扩大绿色消费、实行环境信息公开、应对气候变化等方面法律法规制度。强化执法监督，加大违法行为查处和问责力度，加强行政执法机关与监察机关、司法机关的工作衔接配合。

（二）强化能源消费强度和总量双控

坚持节能优先的能源发展战略，严格控制能耗和二氧化碳排放强度，合理控制能源消费总量，统筹建立二氧化碳排放总量控制制度。强化部门联动协调，确保控制碳排放工作形成合力。将人民政府、发改、能源、统计、工信、农业、林业、住建、交通、公安、质检、经信、科技、财政等部门与企业提供科学有效统计数据纳入考核要求，在开展控制碳排放工作中更需要各政府部门与有关企业分工合作、共同为完成目标承担责任。加强甲烷等非二氧化碳温室气体管控。

(三) 深化绿色低碳发展体制机制改革

推进电力、煤炭、油气等市场化改革，加快完善能源统一市场。逐步实施征收碳税，鼓励对绿色能源企业实行所得税减免，对其绿色贡献予以合理补偿和激励。推进能源价格改革，优化电力、水资源、天然气等价格制度，对高污染、高耗能企业针对性设置绿色电价与污水收费标准，间接影响节能减排成效，促进能源价格绿色化，对能源市场与能源企业践行碳达峰、碳中和行动形成重要约束。大力发展绿色金融，推进发展绿色信贷和绿色直接融资，统一绿色债券标准，支持符合条件的绿色产业企业采用上市融资等金融手段，促进绿色低碳经济的发展壮大。

附　　录

山东省级开发区基本情况

省级	开发区名称	批准时间	面积（公顷）	主导产业
1	明水经济技术开发区	2012.10	517.13	汽车零部件、合成材料制造、金属制品
2	济南高新技术产业开发区	1991.3	1590.00	电子信息、智能制造、生物医药
3	莱芜高新技术产业开发区	2015.9	153.00	钢铁、农副产品加工
4	济南综合保税区	2012.5	522.00	电子信息
5	济南章锦综合保税区	2020.5	152.00	纺织服装、橡胶制品
6	济南经济开发区	1999.6	1189.82	汽车制造、通用设备、专业设备
7	济南临港经济开发区	1993.3	261.79	医药制造业、商贸物流
8	济南济北经济开发区	2003.6	586.26	食品饮料、机械电子、生物医药
9	济南槐荫经济开发区	2006.3	199.20	商贸物流、电气机械和器材制造
10	济南新材料产业园区	2006.3	464.53	商贸物流、化学原料与化学制品制造、通用设备
11	山东济南钢城经济开发区	2006.3	349.92	钢压延加工、金属及金属矿批发、冶金制品制造
12	山东平阴经济开发区	2006.3	383.48	石墨及其他矿物制品、建筑安全用金属制品、乳制品
13	山东商河经济开发区	2006.3	432.72	农副产品加工、非金属矿物制品制造、纺织
14	青岛经济技术开发区	1984.1	1752.00	家电电子、高端化工、汽车制造
15	胶州经济技术开发区	2012.12	1700.00	高端装备制造、国际贸易、现代物流
16	青岛高新技术产业开发区	1992.11	1975.00	高端装备制造、医药及医疗器械制造、新一代信息技术

续表

省级	开发区名称	批准时间	面积（公顷）	主导产业
17	青岛前湾综合保税区	2008.9	912.00	国际贸易、现代物流
18	青岛西海岸综合保税区	2006.5	201.00	保税加工、保税物流、国际贸易
19	青岛即墨综合保税区	2019.12	120.00	通用航空、国际贸易、高端装备
20	青岛胶州湾综合保税区	2019.9	158.00	装备制造、电子信息、新材料
21	青岛石老人国家旅游度假区	1992.1	1080.00	旅游度假
22	青岛环海经济开发区	1995.1	298.99	高端装备制造、新一代信息技术、现代服务业
23	青岛城阳工业园区	2006.3	485.00	轨道交通装备制造及关联产业、新能源新材料、新一代信息技术
24	山东即墨经济开发区	1992.12	505.02	高端装备制造、信息技术、医养健康
25	青岛蓝谷高新技术产业开发区	2001.1	161.36	通用航空、安全科技、智能制造
26	山东平度经济开发区	1992.12	764.60	食品饮料、机械装备、新能源新材料
27	山东莱西经济开发区	1992.12	216.67	新一代信息技术、智能制造、新能源汽车制造
28	淄博高新技术产业开发区	1992.11	704.00	先进陶瓷新材料、生物医药、电子信息
29	综合税淄博综合保税区	2020.8	184.00	保税加工、保税物流、保税研发
30	山东淄博经济开发区	1992.12	575.64	铝基新材料、现代服务业
31	山东齐鲁化学工业园区	2003.4	816.97	高端精细化工
32	山东张店经济开发区	2006.3	242.75	电子信息、精细化工
33	山东淄川经济开发区	1992.12	389.99	新能源汽车、激光高端装备制造、生物医药
34	山东博山经济开发区	1992.12	147.82	机电泵业、汽车零部件、健康医药
35	山东周村经济开发区	1992.12	399.90	数控机床及矿山机械制造、高档耐材、精细化工
36	临淄经济开发区	1992.12	196.91	智能制造、新医药
37	山东桓台经济开发区	1992.12	179.78	绿色化工、机械制造

续表

省级	开发区名称	批准时间	面积（公顷）	主导产业
38	淄博东岳经济开发区	2006.8	256.15	氟硅新材料、高端加工、机制纸及纸制品制造
39	山东高青经济开发区	2006.3	445.28	氟硅新材料及精细化工、健康医药、装备制造
40	山东沂源经济开发区	2006.3	295.08	新医药、新材料
41	枣庄高新技术产业开发区	2015.2	761.00	新能源（锂电）、商贸、橡胶和塑料制品
42	山东枣庄经济开发区	1992.12	692.35	新能源新材料、纺织服装、生物医药医疗器械
43	山东薛城经济开发区	2006.3	276.26	高端化工、食品加工、智能制造
44	山东峄城经济开发区	2006.3	365.79	通用设备制造、纺织服装、新型建材
45	山东台儿庄经济开发区	2006.3	396.55	非金属矿物制造、造纸和纸制品生产、纺织
46	山东山亭经济开发区	2006.3	288.78	造纸和造纸品生产、非金属矿业制造、食品加工
47	山东滕州经济开发区	1992.12	599.73	机械机床、化工新材料、高性能膜材料
48	东营经济技术开发区	2010.3	1735.00	新材料、高端装备制造、航空航天
49	黄河三角洲农业高新技术产业示范区	2015.1	296.00	农业智能装备制造、大健康及功能性食品、现代种业
50	东营综合保税区	2020.9	211.50	进口食品及加工、装备制造、新材料
51	东营高新技术产业开发区	2006.3	590.15	开采专业及辅助性活动、石油钻采设备制造、生物医药
52	东营港经济开发区	2006.4	1649.56	高端化工、新材料、生物医药
53	山东河口经济开发区	2006.3	499.05	石油炼化及精细化工、风电光伏装备制造、绿色节能建筑和先进高分子材料
54	山东垦利经济开发区	1995.12	511.64	汽车及零部件、新能源及复合新材料、医药制造
55	山东广饶经济开发区	1994.12	726.50	化工、橡胶轮胎、汽车配件
56	大王经济开发区	2010.12	941.00	石油化工、橡胶轮胎、造纸印刷
57	山东利津经济开发区	2006.3	400.36	有机化工和新材料、节能环保、生物医药
58	烟台经济技术开发区	1984.1	1000.00	新一代信息技术、新材料、高端装备制造

续表

省级	开发区名称	批准时间	面积（公顷）	主导产业
59	招远经济技术开发区	2011.9	363.00	黄金加工、轮胎及汽车零部件、新材料
60	烟台高新技术产业开发区	2010.9	1464.77	医药健康、电子信息、智能制造及海洋经济
61	烟台综合保税区	2009.9	618.00	电子制造、物流仓储、汽车零部件
62	烟台福山经济开发区	2020.9	6098.00	先进装备制造、医养健康
63	山东牟平经济开发区	1992.12	125.08	智能装备制造、现代服务业
64	山东烟台莱山经济开发区	2003.7	768.51	高端装备、新一代信息技术、现代服务业
65	山东蓬莱经济开发区	1992.12	494.50	海洋装备制造、食品加工、现代医药
66	山东龙口经济开发区	1992.12	86.12	高端化工、高端铝、汽车零部件
67	山东莱阳经济开发区	1992.12	177.83	新能源汽车、装备制造、高端化工
68	山东莱州经济开发区	1992.12	554.83	高端装备、黄金冶炼采选
69	山东海阳经济开发区	1992.12	50.00	航空航天、电子信息、轨道交通
70	潍坊滨海经济技术开发区	2010.4	500.00	海洋科技、高端装备制造、现代物流
71	潍坊高新技术产业开发区	1992.11	860.00	动力装备、声学光学、生命健康
72	潍坊综合保税区	2011.1	517.00	电子信息、新能源动力、进口农产品食品加工
73	山东潍坊经济开发区	1994.5	873.84	医药及医疗器材批发、装备制造、食品加工
74	山东潍坊奎文经济开发区	2006.3	481.61	汽车服务、物流、智能制造
75	山东潍城经济开发区	1993.1	353.40	汽车及零部件制造、建材物流、钢压延加工
76	山东潍坊峡山生态经济开发区	2015.4	336.54	农副产品加工、汽车零部件制造、金属制品
77	山东青州经济开发区	1992.12	192.48	绿色精细化工、医疗用品制造、高端装备制造
78	山东潍坊凤凰山高新技术产业园区	1994.11	799.99	机械制造、造纸及纸制品、食品加工
79	山东诸城经济开发区	1992.12	159.29	机械制造、食品加工、纺织服装

续表

省级	开发区名称	批准时间	面积（公顷）	主导产业
80	山东潍坊（寿光）高新技术产业开发区	1992.12	651.25	海洋化工、汽车及零部件制造、造纸
81	山东安丘经济开发区	1992.12	400.78	农副产品加工、机械制造、高端装备制造
82	山东高密经济开发区	1992.12	592.30	机械制造、纺织服装、制鞋
83	山东昌邑经济开发区	1992.12	69.89	海洋及石油化工、纺织新材料、新型医药
84	山东临朐经济开发区	1993.3	267.34	高端铝业、新材料、高端食品加工
85	山东昌乐经济开发区	1992.12	974.61	造纸和纸制品制造、农副产品加工、造纸印刷包装
86	济宁高新技术产业开发区	2010.9	960.00	工程机械制造、生物医药、纺织及半导体新材料
87	山东济宁经济开发区	1992.12	300.00	新能源、先进装备与智能制造、高端化工
88	山东济宁运河经济开发区	1992.12	449.34	机械制造、化工新材料
89	山东兖州工业园区	2006.8	343.89	造纸和纸制品、橡胶制品、机械零部件加工
90	山东微山经济开发区	2006.4	288.14	锂电及光伏、新型环保材料、集成电路及电子元器件
91	山东鱼台经济开发区	2006.3	266.69	绿色化工、现代物流、机电装备制造
92	山东金乡经济开发区	2006.4	300.39	煤化工、化学原料和化学制品制造、农副产品加工
93	山东汶上经济开发区	2006.3	397.43	电气机械和器材、化学原料和化学制品、纺织服装
94	山东泗水经济开发区	2006.3	279.02	精密机床配件制造、健康食品、建筑新材料
95	山东梁山经济开发区	1992.1	152.96	专用车制造、教育服务、食品加工
96	山东曲阜经济开发区	1992.12	373.33	金属制品及机械制造、电子信息、食品医药
97	山东邹城经济开发区	1992.12	92.41	煤化工、矿山装备及智能机器人、健康医药

续表

省级	开发区名称	批准时间	面积（公顷）	主导产业
98	泰安高新技术产业开发区	2012.8	1375.75	高端装备制造、生物医药、新材料
99	山东泰山经济开发区	2006.3	288.52	电器机械及器材制造、纺织服装
100	山东岱岳经济开发区	2006.3	387.31	高端装备制造、非金属矿物制品、化学原料和化学制品制造
101	山东新泰经济开发区	1992.12	399.41	输变电设备、高端装备制造、光电科技
102	山东肥城经济开发区	2017.7	627.00	食品加工、基础化学原料制造、电力生产
103	山东肥城高新技术产业园区	1995.8	490.09	高端装备制造、新材料、装配式建筑材料
104	山东宁阳经济开发区	2006.3	369.16	高端装备制造、高端化工、新能源新材料
105	山东东平经济开发区	2006.3	330.52	造纸、高端化工、食品加工
106	威海经济技术开发区	1992.1	572.00	商贸物流、电子信息
107	威海临港经济技术开发区	2013.11	500.00	碳纤维及复合材料、先进装备与智能制造、体育器械
108	威海火炬高技术产业开发区	1991.3	1510.00	医药制造、电子信息、纺织服装服饰
109	威海综合保税区	2016.5	229.00	电子信息、跨境电商
110	威海南海经济开发区	2006.8	400.00	商贸物流、非金属矿物制品业、橡胶和塑料制品制造
111	山东文登经济开发区	1992.12	679.94	通用设备制造、汽车零部件制造、商贸物流
112	山东荣成经济开发区	1992.12	678.07	橡胶和塑料制品、电气机械和器材、农副产品加工
113	山东乳山经济开发区	1992.12	600.20	食品加工、汽车零部件、化学原料和化学制品
114	日照经济技术开发区	2010.4	850.00	高端装备制造、生物医药、新一代信息技术
115	日照综保区合保税区	2019.8	288.00	保税物流及加工
116	山东日照高新技术产业开发区	2006.3	400.01	高端装备制造、新一代信息技术、生命大健康

续表

省级	开发区名称	批准时间	面积（公顷）	主导产业
117	山东日照市北经济开发区	2006.3	100.01	高端装备制造、文旅康养
118	山东岚山经济开发区	1994.12	100.00	先进钢铁制造、绿色化工、木材加工
119	山东莒县经济开发区	2006.3	299.75	电子信息、新能源新材料、绿色化工
120	临沂经济技术开发区	2020.12	488.42	智能制造、生物医药、新一代信息技术
121	临沂高新技术产业开发区	2011.6	1137.00	磁电产业、新型绿色建材、生物医药
122	临沂综合保税区	2014.8	370.00	塑料制品、汽车零部件及配件制造
123	临沂临港经济开发区	2010.1	800.00	先进钢铁、农副产品加工、木制品加工
124	山东兰山经济开发区	2006.4	366.76	机械制造、农副产品加工、板材加工
125	山东罗庄经济开发区	2018.9	761.00	新材料、医养健康、高端装备
126	山东河东经济开发区	2006.3	392.29	农副产品加工、燃气生产和供应、金属制品
127	山东郯城经济开发区	2006.3	360.38	高端化工、农副产品加工、新型建材
128	山东兰陵经济开发区	2006.3	231.69	先进钢铁、金属制品、物流
129	山东沂水经济开发区	2006.3	300.00	绿色化工、机械电子、高端食品
130	山东蒙阴经济开发区	2006.3	348.50	专用车制造、橡胶和塑料制品制造、食品加工
131	山东平邑经济开发区	2006.3	395.28	新型建材、高端装备制造、食品制造
132	山东费县经济开发区	2006.3	246.22	木材加工、医药制造
133	山东沂南经济开发区	2006.3	329.52	农副产品加工、新型建材、精细化工
134	山东临沭经济开发区	2006.3	353.36	高端化工、装备制造、商贸物流
135	德州经济技术开发区	2012.3	1097.00	节能环保及石油装备、新能源新材料、电子信息
136	德州高新技术产业开发区	2015.9	689.00	高端装备制造、医养健康、新能源新材料
137	山东德州运河经济开发区	2006.3	332.05	高端智能制造、新材料、电子信息
138	山东陵城区经济开发区	2006.3	392.44	高端装备、生物医药、纺织服装
139	山东宁津经济开发区	2006.3	348.76	家具制造、电梯产业、健身器材制造
140	山东庆云经济开发区	2006.3	400.00	高端装备制造、电子信息、新材料

续表

省级	开发区名称	批准时间	面积（公顷）	主导产业
141	山东临邑经济开发区	2006.3	350.00	绿色化工、石墨及碳素制品、食品加工
142	山东齐河经济开发区	2002.3	701.03	冶金、新能源汽车及零部件、激光数控装备
143	山东平原经济开发区	2006.3	310.00	医养健康、绿色化工、食品加工
144	山东夏津经济开发区	2006.3	375.81	纺织服装、高端装备制造、食品加工
145	山东武城经济开发区	2006.3	240.20	汽车及汽车零部件、新材料、高端装备制造
146	山东乐陵经济开发区	2006.3	400.00	体育器材、高端装备制造、绿色化工
147	聊城经济技术开发区	2012.3	1200.00	新能源及新能源汽车、金属加工、生物医药
148	聊城高新技术产业开发区	2008.1	312.97	化工新材料、高端智能装备、生物医药
149	山东聊城鲁西经济开发区	2006.3	297.12	大豆蛋白、精细化工、新材料
150	聊城嘉明经济开发区	1997.3	2462.80	高端装备制造、新能源新材料、农副产品加工
151	山东茌平经济开发区	2006.4	401.09	铝精深加工、新材料、高端装备制造
152	山东临清经济开发区	2006.3	210.12	有色金属加工、纺织、高端装备制造
153	山东冠县经济开发区	2006.3	370.38	铝型材加工、棉纺织及印染精加工、高端装备制造
154	山东阳谷经济开发区	2006.4	380.81	铜精深加工、光电线缆产业、绿色食品
155	山东东阿经济开发区	2006.3	311.04	生物医药、医养健康、数字经济
156	山东高唐经济开发区	2006.3	312.56	高端装备制造、造纸和纸制品加工、康养食品
157	邹平经济技术开发区	2010.11	820.00	高端铝新材料、纺织、汽车轻量化零部件
158	滨州经济技术开发区	2013.11	900.00	高端装备、新能源新材料、新一代信息技术
159	滨州高新技术产业开发区	2008.1	1867.33	医养健康、高端装备制造、新型功能材料
160	滨州北海经济开发区	2010.9	1297.00	高端铝业、化工新材料、现代海洋
161	山东沾化经济开发区	2006.3	389.03	高端化工、高端铝金属材料、新能源新材料

续表

省级	开发区名称	批准时间	面积（公顷）	主导产业
162	山东博兴经济开发区	2002.2	515.99	高端化工、高端金属材料、粮食深加工
163	山东惠民经济开发区	2006.3	82.00	高端铝、风电装备、热力发电
164	山东阳信经济开发区	2006.3	136.59	新能源新材料、绿色肉牛、新一代信息技术
165	山东无棣经济开发区	2006.3	186.59	汽车零部件制造、高端纺织、装配式建材
166	山东菏泽经济开发区	1992.12	783.68	生物医药、高端装备、新能源新材料
167	菏泽高新技术产业开发区	2006.3	400.00	生物医药、食品加工、新材料
168	菏泽牡丹经济开发区	2006.3	400.00	农副产品加工、高端装备、商贸物流
169	山东定陶经济开发区	2006.3	299.82	生物医药、农副产品精深加工、5G新材料
170	山东曹县经济开发区	2006.3	299.90	木制品加工、医药化工、纺织服装
171	山东单县经济开发区	2006.3	400.00	大健康、现代精细化工、精密制造
172	山东成武经济开发区	2006.3	397.27	生物医药及医疗器械、机电设备制造、家居制造
173	山东巨野经济开发区	2006.3	297.68	精细化工、智能制造、环保新材料
174	山东郓城经济开发区	2006.3	351.95	棉纺化纤、玻璃包装、木制品加工
175	山东鄄城经济开发区	2006.3	399.93	医药化工、医养健康、家居制造
176	山东东明经济开发区	2006.3	297.6	高端化工、新材料、农副产品加工

参考文献

白俊红、蒋伏心：《协同创新、空间关联与区域创新绩效》，《经济研究》2015年第7期。

班茂盛、方创琳、刘晓丽等：《北京高新技术产业区土地利用绩效综合评价》，《地理学报》2008年第2期。

卞兴云、冉瑞平、贾燕兵：《山东省城市土地集约利用时空差异》，《地理科学进展》2009年第4期。

陈宏：《构建地方政府转变经济发展方式的驱动机制——基于利益主体间博弈的理论分析》，《现代经济探讨》2011年第4期。

丛建辉、刘学敏、朱婧、汤争争：《中小城市工业碳排放：核算方法与影响因素——以河南省济源市为例》，《资源科学》2013年第11期。

崔学刚、方创琳、刘海猛、刘晓菲、李咏红：《城镇化与生态环境耦合动态模拟理论及方法的研究进展》，《地理学报》2019年第6期。

邓祥征、林英志、黄河清：《土地系统动态模拟方法研究进展》，《生态学杂志》2009年第10期。

丁斐、庄贵阳、朱守先：《"十四五"时期我国生态补偿机制的政策需求与发展方向》，《江西社会科学》2021年第3期。

丁姿、王喆：《生态安全观视域下国家公园管理体制改革问题研究——以三江源国家公园为例》，《青海社会科学》2021年第2期。

杜海波、魏伟、张学渊、纪学朋：《黄河流域能源消费碳排放时空格局演变及影响因素——基于 DMSP/OLS 与 NPP/VIIRS 夜间灯光数据》,《地理研究》2021 年第 7 期。

樊杰:《我国主体功能区划的科学基础》,《地理学报》2007 年第 4 期。

方创琳、崔学刚、梁龙武:《城镇化与生态环境耦合圈理论及耦合器调控》,《地理学报》2019 年第 12 期。

冯雨雪、李广东:《青藏高原城镇化与生态环境交互影响关系分析》,《地理学报》2020 年第 7 期。

傅伯杰、吕一河、陈利顶等:《国际景观生态学研究新进展》,《生态学报》2008 年第 2 期。

耿海清:《我国开发区建设存在的问题及对策》,《地域研究与开发》2013 年第 1 期。

顾钰民:《论生态文明制度建设》,《福建论坛》(人文社会科学版)2013 年第 6 期。

郭雷、马克明、张易:《三江平原建三江地区 30 年湿地景观退化评价》,《生态学报》2009 年第 6 期。

韩沅刚、董会忠、刘梁华:《山东省城市工业碳排放效率时空演变及驱动因素研究》,《山东理工大学学报》(自然科学版)2020 年第 5 期。

郝千婷、黄明祥、包刚:《碳排放核算方法概述与比较研究》,《中国环境管理》2011 年第 4 期。

何书金、苏光全:《开发区闲置土地成因机制及类型划分》,《资源科学》2001 年第 5 期。

黄金川、方创琳:《城市化与生态环境交互耦合机制与规律性分析》,《地理研究》2003 年第 2 期。

黄勤、曾元、江琴:《中国推进生态文明建设的研究进展》,《中国人口·资源与环境》2015 年第 2 期。

黄少安:《新旧动能转换与山东经济发展》,《山东社会科学》2017 年第 9 期。

黄少安、刘阳荷：《科斯理论与现代环境政策工具》，《学习与探索》2014年第7期。

靳乐山、吴乐：《我国生态补偿的成就、挑战与转型》，《环境保护》2018年第24期。

李秋颖、方创琳、王少剑、王洋：《山东省人口城镇化与空间城镇化协调发展及空间格局》，《地域研究与开发》2015年第1期。

李晓华、刘峰：《产业生态系统与战略性新兴产业发展》，《中国工业经济》2013年第3期。

李玉爽、靳晓勤、霍慧敏、郑洋：《"无废城市"建设进展及"十四五"时期发展建议》，《环境保护》2021年第15期。

厉无畏、王慧敏：《产业发展的趋势研判与理性思考》，《中国工业经济》2002年第4期。

梁鹤年：《精明增长》，《城市规划》2005年第10期。

梁流涛、雍雅君、袁晨光：《城市土地绿色利用效率测度及其空间分异特征——基于284个地级以上城市的实证研究》，《中国土地科学》2019年第6期。

刘贵利、李明奎、江河：《国土空间生态环境分区管治制度的建立》，《环境保护》2019年第14期。

刘海燕、方创琳、班茂盛：《北京市海淀科技园区土地集约利用综合评价》，《经济地理》2008年第2期。

刘纪远、张增祥、徐新良：《21世纪初中国土地利用变化的空间格局与驱动力分析》，《地理学报》2009年第12期。

刘经纬、刘晓雪：《习近平生态文明思想的逻辑意蕴理论》，《探索》2021年第4期。

刘树峰、程钰、任建兰：《1991—2011年山东省工业经济增长的能源效应及其时空格局》，《经济地理》2014年第5期。

刘彦随、陈百明：《中国可持续发展问题与土地利用/覆被变化研究》，《地理研究》2002年第3期。

刘彦随、刘玉、陈玉福：《中国地域多功能性评价及其决策机制》,《地理学报》2011年第10期。

刘燕华、郑度、葛全胜等:《关于开展中国综合区划研究若干问题的认识》,《地理研究》2005年第3期。

刘永敬、罗小龙、田冬、王盈:《中国跨界新区的形成机制、空间组织和管治模式初探》,《经济地理》2014年第12期。

吕倩、刘海滨:《基于夜间灯光数据的黄河流域能源消费碳排放时空演变多尺度分析》,《经济地理》2020年第12期。

吕有金、孔令池、李言:《中国城镇化与生态环境耦合协调度测度》,《城市问题》2019年第12期。

马本、孙艺丹、刘海江:《国家重点生态功能区转移支付的政策演进、激励约束与效果分析》,《环境与可持续发展》2020年第4期。

马海涛:《科学认知"国土空间"》,《科学》2015年第5期。

马强、徐循初:《精明增长策略与我国的城市空间扩展》,《城市规划汇刊》2004年第3期。

欧向军、甄峰、秦永东、朱灵子、吴泓:《区域城市化水平综合测度及其理想动力分析——以江苏省为例》,《地理研究》2008年第5期。

欧阳志云、林亦晴、宋昌素:《生态系统生产总值（GEP）核算研究——以浙江省丽水市为例》,《环境与可持续发展》2020年第6期。

潘竟虎、郑凤娟:《甘肃省县域土地利用绩效的空间差异测度及其机理研究》,《西北师范大学学报》（自然科学版）2011年第1期。

秦天宝、刘彤彤:《央地关系视角下我国国家公园管理体制之建构》,《东岳论丛》2020年第10期。

曲韵:《协同发展带动全面开放：改革开放以来的外贸与外资》,《新疆社会科学》2019年第5期。

任宇飞、方创琳、孙思奥、鲍超、刘若文:《城镇化与生态环境近远程耦合关系研究进展》,《地理学报》2020年第3期。

荣蓉、王凡:《山东省碳排放现状及影响因素研究——基于灰色关联分析》,《中外能源》2021年第7期。

邵敏、郝晴、闫桂焕、许崇庆:《山东省能源消费碳排放影响因素分析》,《科学与管理》2019年第4期。

邵晓梅、王静:《小城镇开发区土地集约利用评价研究——以浙江省慈溪市为例》,《地理科学进展》2008年第1期。

申亮:《我国环保监督机制问题研究:一个演化博弈理论的分析》,《管理评论》2011年第8期。

史进、黄志基、贺灿飞等:《中国城市群土地利用效益综合评价研究》,《经济地理》2013年第2期。

宋杰鲲、牛丹平、曹子建、张凯新:《考虑碳转移的我国省域碳排放核算与初始分配》,《华东经济管理》2017年第11期。

宋叙言、沈江:《基于主成分分析和集对分析的生态工业园区生态绩效评价研究——以山东省生态工业园区为例》,《资源科学》2015年第3期。

孙明芳、陈华:《综合园区存量土地集约利用方法探索——以无锡新区为例》,《城市发展研究》2010年第11期。

孙艳伟、李加林、李伟芳、马仁锋:《海岛城市碳排放测度及其影响因素分析——以浙江省舟山市为例》,《地理研究》2018年第5期。

谭志雄、任颖、韩经纬、陈思盈:《中国固体废物管理政策变迁逻辑与完善路径》,《中国人口·资源与环境》2021年第2期。

田金平、刘巍、李星、赖玢洁、陈吕军:《中国生态工业园区发展模式研究中国人口·资源与环境》2012年第7期。

王波、何军、王夏晖:《山水林田湖草生态保护修复试点战略路径研究》,《环境保护》2020年第22期。

王长建、张小雷、张虹鸥、汪菲:《基于IO-SDA模型的新疆能源消费碳排放影响机理分析》,《地理学报》2016年第7期。

王成新、刘洪颜、史佳璐、刘凯：《山东省省级以上山东沿黄九市开发区用地效率评价研究》，《中国人口·资源与环境》2014年第6期。

王少剑、高爽、黄永源、史晨怡：《基于超效率SBM模型的中国城市碳排放绩效时空演变格局及预测》，《地理学报》2020年第6期。

王少剑、田莎莎、蔡清楠、伍慧清、吴璨熹：《产业转移背景下广东省工业碳排放的驱动因素及碳转移分析》，《地理研究》2021年第9期。

王夏晖、何军、牟雪洁、朱振肖、柴慧霞、刘桂环、饶胜、张箫：《中国生态保护修复20年：回顾与展望》，《中国环境管理》2021年第5期。

王兴民、吴静、王铮、贾晓婷、白冰：《中国城市CO_2排放核算及其特征分析》，《城市与环境研究》2020年第1期。

王秀明、张勇、奚蓉、刘香华、张玉环：《广东省城镇化与生态环境耦合协调的空间特征及影响因素研究》，《中国环境管理》2019年第3期。

王雅楠、罗岚、陈伟、王博文：《中国产业结构调整视角下的碳减排潜力分析——基于EIO-LCA模型》，《生态经济》2019年第11期。

王洋、方创琳、王振波：《中国县域城镇化水平的综合评价及类型区划分》，《地理研究》2012年第7期。

王一鸣：《中国经济新一轮动力转换与路径选择》，《管理世界》2017年第2期。

魏敏、李书昊：《新时代中国经济高质量发展水平的测度研究》，《数量经济技术经济研究》2018年第11期。

魏宁宁、陈会广、徐雷：《山东沿黄九市开发区用地效率评价方法对比研究》，《长江流域资源与环境》2017年第10期。

吴一洲、吴次芳、罗文斌：《浙江省县级单元建成区用地绩效评价及其地域差异研究》,《自然资源学报》2010 年第 2 期。

夏光:《再论生态文明建设的制度创新》,《环境保护》2012 年第 23 期。

许闯胜、刘伟、宋伟、李寒:《差异化开展国土空间生态修复的思考》,《自然资源学报》2021 年第 2 期。

杨蕙馨、焦勇:《新旧动能转换的理论探索与实践研判》,《经济与管理研究》2018 年第 7 期。

杨青林、赵荣钦、丁明磊、满洲、王帅、余娇、杨文娟:《中国城市碳排放的空间格局及影响机制——基于 285 个地级市截面数据的分析》,《资源开发与市场》2018 年第 9 期。

曾贤刚、虞慧怡、谢芳:《生态产品的概念、分类及其市场化供给机制》,《中国人口·资源与环境》2014 年第 7 期。

张落成、武清华、刘剑:《基于企业抽样调查的无锡省级开发区工业行业土地集约利用评价》,《长江流域资源与环境》2012 年第 12 期。

张落成、武清华、刘剑:《基于企业抽样调查的无锡省级开发区工业行业土地集约利用评价》,《长江流域资源与环境》2012 年第 12 期。

张娜:《生态学中的尺度问题:内涵与分析方法》,《生态学报》2006 年第 7 期。

张荣天、焦华富:《转型期省际城镇土地利用绩效格局演变与机理》,《地理研究》2014 年第 12 期。

张瑞、秦书生:《我国生态文明的制度建构探析》,《自然辩证法研究》2010 年第 8 期。

张文、张念明:《供给侧结构性改革导向下我国新旧动能转换的路径选择》,《东岳论丛》2017 年第 12 期。

张永生:《基于生态文明推进中国绿色城镇化转型——中国环境与发展国际合作委员会专题政策研究报告》,《中国人口·资源与环境》2020 年第 10 期。

张子珺、张传兵：《论新旧动能转换工程对节能减排的促进作用》，《中国资源综合利用》2020年第5期。

赵炳新、肖雯雯、殷瑞瑞：《关于新动能的内涵及其启示》，《经济研究参考》2018年第2期。

赵建吉、刘岩、朱亚坤、秦胜利、王艳华、苗长虹：《黄河流域新型城镇化与生态环境耦合的时空格局及影响因素》，《资源科学》2020年第1期。

赵若玺、徐治立：《新科技革命会带来什么样的产业变革》，《人民论坛》2017年第15期。

赵小风、黄贤金、钟太洋、彭佳雯、赵雲泰、吕晓：《江苏省山东沿黄九市开发区用地效率的分层线性模型实证研究》，《地理研究》2012年第9期。

郑江淮、宋建、张玉昌、郑玉、姜青克：《中国经济增长新旧动能转换的进展评估》，《中国工业经济》2018年第6期。

郑艳、庄贵阳：《山水林田湖草系统治理：理论内涵与实践路径探析》，《城市与环境研究》2020年第4期。

周凤秀、温湖炜：《绿色产业集聚与城市工业部门高质量发展——来自国家生态工业示范园政策的准自然实验》，《产经评论》2019年第1期。

周少甫、张嘉俊：《新型城镇化对中国城市空气污染的时空效应研究》，《工业技术经济》2019年第3期。

朱红梅、王小伟、谭洁：《长沙市城市土地集约利用评价》，《经济地理》2008年第3期。

朱宇江：《"公地悲剧"与"反公地悲剧"对称性论证述评》，《山西大学学报》（哲学社会科学版）2013年第3期。

Enrenfeld, J., "Putting the Spotlight on Metaphors and Analogies in Industrial Ecology", *Journal of Industrial Ecology*, Vol. 7, No. 1, 2003.

Ashton, W., "Understanding the Organization of Industrial Ecosystems", *Journal of Industrial Ecology*, Vol. 12, No. 1, 2008.

Black S. E., Lynch L. M., "Measuring Organizational Capital in the New Economy", *Nber Chapters*, Vol. 44, No. 2, 2005.

Butler A. W., Cornaggia J., "Does Access to External Finance Improve Productivity? Evidence from a Natural Experiment", *Journal of Financial Economics*, Vol. 99, No. 1, 2011.

Carlino G. A., "Knowledge spillovers: Cities' Role in the New Economy", *Business Review*, Vol. 7, No. 4, 2001.

Chen Mingxing, Lu Dadao, Zha liangsong, "The Comprehensive Evaluation of China's Urbanization and Effects on Resources and Environment", *Journal of Geographical Sciences*, Vol. 20, No. 1, 2010.

Costanza, R., Darge R., De Groot, R. S., et al., "The Value of the World's Ecosystem Services and Natural Capital", *Nature*, Vol. 387, No. 6630, 1997.

Daily, G. C., Soderqvist T., Aniyar S., et al., "Ecology - The Value of Nature and the Nature of Value", *Science*, Vol. 289, No. 5478, 2000.

De Groot, R., "Function-analysis and Valuation as a tool to Assess Land Use Conflicts in Planning for Sustainable, Multi-functional Landscapes", *Landscape and Urban Planning*, Vol. 75, 2006.

De Groot, R. S., Wilson M. A. and Boumans R. M. J., "A Typology for the Classification, Description and Valuation of Ecosystem Functions, goods and services", *Ecological Economics*, Vol. 41, No. 3, 2002.

Deng X. Z., Yin F., Lin Y. Z., et al., "Equilibrium Analyses on Structural Changes of Land Uses in Jiangxi Province", *Journal of Food Agriculture & Environment*, Vol. 10, No. 1, 2012.

Durham J. B., "Absorptive Capacity and the Effects of Foreign Direct Investment and Equity Foreign Port folio Investment on Economic Growth", *European Economic Review*, Vol. 48, No. 2, 2004.

Egoh, B., Reyers B., Rouget M., et al., "Mapping Ecosystem Services for Planning and Management", *Agriculture Ecosystems & Environment*, Vol. 127, 2008.

Freeman R. B., "The Labour Market in the New Information Economy", *Oxford Review of Economic Policy*, Vol. 18, No. 3, 2002.

Gret-Regamey, A., Bebi P., Bishop I. D., et al., "Linking GIS-based Models to Value Ecosystem Services in an Alpine Region", *Journal of Environmental Management*, Vol. 89, No. 3, 2008.

Grossman G., Kreuger A., "Economic Growth and the Environment", *Quarterly Journal of Economics*, Vol. 110, 1995.

Gulickx, M. M. C., Verburg P. H., Stoorvogel J. J., et al., "Mapping Landscape Services: A Case Study in a Multifunctional Rural Landscape in The Netherlands", *Ecological Indicators*, Vol. 24, 2013.

IPCC. IPCC Guidelines for National Greenhouse Gas Inventories Intergovernmental Panel on Climate Change, 2006.

Li Guangdong, Fang Chuanglin, Pang bo, "Quantitative Measuring and Influencing Mechanism of Urban and Rural Land Intensive Use in China", *Journal of Geographical Sciences*, Vol. 24, No. 5, 2014.

Liu, Z., Guan, D., Wei, W., et al., "Reduced Carbon Emission Estimates from Fossil Fuel Combustion and Cement Production in China", *Nature*, Vol. 524, 2015.

Maas J., Verheij R. A., Groenewegen P. P., de Vries S, Spreeuwenberg P., "Green Space, Urbanity, and Health: How Strong is the Relation?" *Journal of Epidemiology and Community Health*, Vol. 60, No. 7, 2006.

Machin S., "The Changing Nature of Labour Demand in the New Economy and Skill-biased Technology Change", *Oxford Bulletin of Economics & Statistics*, Vol. 63, No. S1, 2010.

Nowak D. J., Stevens J. C., Sisinni S. M., Luley C. J., "Effects of Urban Tree Management and Species Selection on Atmospheric Carbon Dioxide", *Journal of Arboriculture*, Vol. 28, No. 3, 2002.

Saboori, B., J. Sulaiman, "Environmental Degradation, Economic Growth and Energy Consumption: Evidence of the Environmental Kuznets Curve in Malaysia", *Energy Policy*, Vol. 60, 2003.

Shan Y. L., Guan D. B., Zheng H. R., et al., "Data Descriptor: China CO_2 Emission Accounts 1997-2015", *Scientific Data*, Vol. 5, No. , 2018.

Wang Z. B., Fang C. L., Wang Jing, "Evaluation on the Coordination of Ecological and Economic Systems and Associated Spatial Evolution Patterns in the Rapid Urbanized Yangtze Delta Region since 1991", *Acta Geographica Sinica*, Vol. 66, No. 12, 2011.

Wang, S. J., Ma, H. T., Zhao, Y. B., "Exploring the Relationship between Urbanization and the Eco-environment-a Case Study of Beijing-Tianjin-Hebei Region", *Ecological Indicators*, Vol. 45, 2014.

Willemen, L., Verburg P H, Hein L., et al., "Spatial Characterization of Landscape Functions", *Landscape and Urban Planning*, Vol. 88, No. 1, 2008.

Wolf, T., Meyer B. C., "Suburban Scenario Development Based on Multiple Landscape Assessments", *Ecological Indicators*, Vol. 10, No. 1, 2010.

Wu J. G., Shen W. J., Sun W. Z., et al., "Empirical Patterns of the Effects of Changing Scale on Landscape Metrics", *Landscape Ecology*, Vol. 17, No. 8, 2002.

Yong Geng, Hong Yan, et al., "Exploring Driving Factors of Energy-related CO_2 Emissions in Chinese Provinces: A case of Liaoning", *Energy Policy*, Vol. 60, 2013.